W0190183

Gesichter des zwanzigsten Jahrhunderts

Gesichter des zwanzigsten Jahrhunderts

Meisterfotografen und ihr Werk

Mark Edward Harris
Vorwort von Vicki Goldberg

Weingarten

Umschlag Titel: Edouard Boubat, *Paris,* 1952 (siehe Seite 98).

Umschlag Rückseite: Gordon Parks, *Muhammad Ali nach dem Kampf gegen Henry Cooper in London, England,* 1966 (siehe Seite 69).

Seite 2: Horace Bristol, *Koreanischer Patriarch,* 1946.

Seite 6: Edouard Boubat, *Indien,* 1964.

Seite 8: Mary Ellen Mark, *Seniorenviertel für Wohlhabende in Kalifornien,* 1985.

Die Deutsch Bibliothek – CIP-Einheitsaufnahme
Gesichter des zwanzigsten Jahrhunderts: Meisterfotografen und ihr Werk/
Mark Edward Harris. Vorwort von Vicki Goldberg. –
Weingarten: Weingarten, 1998
ISBN 3-8170-2522-X

Redaktion: Owen Dugan
Design: Molly Shields

Copyright © 1998 Vicki Goldberg für das Vorwort
Copyright © 1998 Mark Edward Harris für die Zusammenstellung –
einschließlich Auswahl der Texte und Abbildungen.
Copyright © 1998 Abbeville Press, New York
Alle Rechte nach internationalen Urheberrechtsabkommen vorbehalten.
Kein Teil dieses Buches darf ohne schriftliche Einwilligung des Verlages
reproduziert oder in irgendeiner anderen Form, elektronisch oder
mechanisch, einschließlich der Aufnahme und Verarbeitung in
elektronischen Systemen verwendet werden. Anfragen bitte an den Verlag
adressieren. Der Buchtext ist in der ITC New Baskerville gesetzt. Gedruckt
und gebunden in Singapur.

Die Originalausgabe dieses Buches erscheint unter dem Titel „Faces of the
Twentieth Century" bei Abbeville Publishing Group, New York, N.Y.

Übersetzung aus dem amerikanischen Englisch von Christian Auffhammer
Copyright © der deutschsprachigen Ausgabe, Kunstverlag Weingarten GmbH,
Weingarten 1998
Satz: Riedmayer GmbH, Weingarten
Printed in Singapur
ISBN 3-8170-2522-X

Inhalt

Vorwort

von Vicki Goldberg

Was für die Renaissance die Fresken waren, das sind für das Zwanzigste Jahrhundert die Fotografen. Beide Zeitalter wurden ins Bild gebannt und im Bild weitergegeben – Bilder der Religionen und ihrer Schismen, der Kriege und ihrer Folgen ebenso wie Bilder aus Kunst und Kultur. Und obwohl heute mehr Menschen lesen können als je zuvor, ist es doch die künstlerische Reproduktion großer Geschehnisse oder bedeutender Persönlichkeiten, die Millionen von Menschen als wichtigste Information aufnehmen – auch wenn sie nicht mehr von Rafael oder Michelangelo stammt, sondern von Frauen und Männern mit Flugtickets, Kameras und klaren Aufträgen an sich selbst.

Nicht nur die Darstellungstechnik hat sich dabei geändert, sondern auch der Zweck, den die Abbildungen verfolgen. Früher waren Bilder der Spiegel dessen, was die Menschen bereits erfahren hatten. Die künstlerische Ausschmückung griechischer Sagen oder der Bibel galt Betrachtern, die die Inhalte dieser Werke entweder schon kannten, oder die sie gerade von Dichtern oder Predigern erfuhren, und denen sie dazu dienten, das gesprochene Wort im wahrsten Sinne bildlich zu untermalen. Bilder verdeutlichten so die überlieferte Kultur.

Fotos dagegen enthalten Neues. Sie bringen Informationen, die zuvor niemandem geläufig sein konnten, weil sich die Ereignisse für das Motiv im Moment der Aufnahme gerade erst abspielen – etwa bei der Landung MacArthurs auf den Philippinen oder bei der Flaggenhissung auf Iwo Jima. Und sie zeigen Dinge, die sich uns sonst zeitlich, räumlich oder mangels Kenntnis nicht erschließen würden: Wanderarbeiter während der Depression, Shintofeiern in Japan, eine Gang in Harlem. Oder die Kamera erfaßt Augenblicke, die ihrerseits wieder den Anstoß zu neuen Entwicklungen und Fragen geben: wenn etwa ein junges Mädchen Soldaten mit aufgepflanzten Bajonetten Blumen überreicht. Selbst fotografische Fiktion kann ein Schlaglicht auf kulturelle Entwicklungen werfen: Nackte mit Halsbändern können ebenso Trends setzen wie als außerirdische Phantasie präsentierte Mode.

Das Foto bleibt, das Motiv vergeht. Bilder können flüstern und schreien, dem Betrachter übermütig ins Auge springen oder sich leise in sein Gedächtnis einbrennen. Wir vergessen Namen und Adressen, aber wir erinnern uns an das Bild des Seemannes, der am Tag des Kriegsendes auf dem Times Square übermütig eine Schwester küßt. Fotos verfolgen uns. Sie sind wie ruhelose Geister der Vergangenheit, und wir können uns nicht von ihnen lösen, weil wir sonst befürchten müßten, zuviel von unserer eigenen Vergangenheit und Geschichte zu verlieren.

Jeder von uns sieht ein Bild auf seine eigene Weise, und die Bedeutung eines Fotos kann sich ändern, wenn sich das Umfeld ändert, in dem es sich präsentiert. Alvarez Bravos Foto einer Nackten im Schaufenster ist mit den zahllosen Augenpaaren der Zuschauer zugleich ein Abbild unseres Voyeurismus. Die Mahnung in Elliott Erwitts Bild eines lachenden Negerjungen, der sich eine Holzpistole an die Stirn hält, kommt erst richtig durch ein zweites zur Geltung, welches eine Frau vor einem Glücksspiel-Automaten mit einem als Pistole gestalteten Hebel zeigt.

Es gibt Fotografen mit Gespür für ihre Arbeit und andere, die nur Durchschnittsware liefern. Carl Mydans erkannte, daß man selbst mit der Kamera in der Hand unzählige Motive nicht erkennt und erfaßt. Mary Ellen Mark bringt die Leidenschaft für die wahre Fotografie auf den Punkt: „Mach Dich nie zum Art Director der Wirklichkeit, sondern laß sie auf dich einwirken. Es gibt nichts besseres, als den natürlichen Ablauf der Dinge."

Selbst noch in der digitalen Welt des ausgehenden zwanzigsten Jahrhunderts klammern wir uns an die letzten Reste von Realität – an die Berichte der Kameras vom Weltgeschehen. Hartnäckig liefern sie uns Neuigkeiten, die bereits im Augenblick ihrer Entstehung zur Geschichte werden und als ein Kulturgut unserer Zeit in unserem Gedächtnis abgespeichert werden.

Einführung

von Mark Edward Harris

Wenn unser gregorianischer Kalender das Jahr 2000 einläutet, werden wir zugleich das erste vollständig durch die Fotografie dokumentierte Jahrhundert abschließen.

Dies ist ein Buch von und über Fotografen, die das Gesicht des zwanzigsten Jahrhunderts mit geprägt haben. Mögen sie sich auch in ihrem Stil und in der Wahl ihrer Sujets noch so sehr unterscheiden – das Verbindende in ihrer Arbeit bleibt doch unübersehbar. Zwei auf den ersten Blick völlig gegensätzlich wirkende Porträts – eine japanische Frau mit ihrem Sohn inmitten der Trümmerwüste Hiroshimas von Alfred Eisenstaedt und eine Massai-Mutter mit ihrem Kind von Herb Ritt – zeigen bei näherer Betrachtung verblüffende Übereinstimmungen: In beiden Bildern haben die Fotografen Zeugnis von der Kraft des menschlichen Geistes abgelegt.

Der Kern dieses Buches ist eine Serie von Interviews, die ich für das Magazin *Camera & Darkroom* gemacht habe. Für dieses Magazin konnte ich einige der vielen bekannten Fotografen interviewen und abbilden, deren Gefühl für das Bild und deren technische Fähigkeiten sie zu berufenen Zeugen ihrer Zeit gemacht haben. Ihnen gilt mein Dank und meine Anerkennung für ihre Offenheit und ihre Großzügigkeit.

An der Schwelle zum zwanzigsten Jahrhundert waren es Individualisten, die unseren Planeten erforschten und die Themen anpackten, von denen sie sich inspiriert fühlten. Mit ihren Momentaufnahmen von Menschen, Dingen und Schauplätzen hielten sie Stimmungen fest, die so nie wiederkehren würden.

Während Eugene Atget sein geliebtes Paris fotografierte, dokumentierte Edward S. Curtis mit seiner Kamera ein untergehendes Volk: er veröffentlichte ein zwanzigbändiges Werk über Leben und Gebräuche der amerikanischen Indianer. Das Fotostudio Raja Deen Dayal in Indien zeigte in Vorher-/Nachher-Fotos die positiven Effekte eines Ernährungsprogrammes für die Hungernden in Ayurangabad. Waldemar Franz Hermann Titzenthaler schuf Fotodokumente über das Leben und die Arbeitsbedingungen in Deutschland, während Lewis W. Hine, der ursprünglich Lehrer werden wollte, Amerika mit seiner Kamera erzog, indem er ihm die Not der Kinderarbeit vor Augen führte und später Bilder über die Wirtschaftsprogramme der Nachkriegszeit und über die Auswirkungen der Depression zeigte. Sein Buch *Men at Work* zeigt ungewöhnliche Bilder von der gesamten Bauzeit des Empire State Building.

Arnold Genthes *Smoke and Flames after the San Francisco Earthquake* von 1906 und Alfred Stieglitz' *The Steerage*, welches uns in das Jahr 1907 und in das damalige Leben der Einwanderer versetzt, sind frühe Beispiele abgeschlossener Bildreportagen zu bestimmten Themen.

Stieglitz, Atget, Curtis, Hine, Jacques-Henri Lartigue, Imogen Cunningham, Edward Steichen, Paul Strand, André Kertész, Man Ray, Brassai, Lázsló Moholy-Nagy, Robert Capa, Alexander Rodtschenko, Dorothea Lange, Ansel Adams, Edward Weston, W. Eugene Smith und andere Mitglieder aus der Ruhmeshalle der Fotografen haben die Bühne des Lebens verlassen, aber sie leben in ihren Arbeiten und in den Worten, Taten und Bildern der heutigen Fotografengeneration fort. Ihre Namen tauchen als Quelle der Inspiration immer wieder in den Aussagen heutiger Fotografen in unserem Buch auf. Wie alle ihre Vorgänger und Vorgängerinnen haben sie uns mit jedem ihrer Bilder ein Stück ihrer eigenen Seele offenbart. Und sie selbst werden wieder Fotografen inspirieren, die nach ihnen das Gesicht des einundzwanzigsten Jahrhunderts ablichten werden.

Die Frauen und Männer dieses Buches haben mit ihren Bildern nicht nur Geschichte dokumentiert, sie wurden oft selbst in dramatische Ereignisse verwickelt.

Ich sitze Alfred Eisenstaedt in seinem bis zur Decke mit Negativen, Lithos, Büchern und Korrespondenz vollgestopften Büro des *LIFE*-Magazins im 28. Stock gegenüber und höre mir seine lebhafte Schilderung vom Nachmittag des 12. April 1918 an. Seine Augen trüben sich bei der Erinnerung an diesen Tag. Er führt meine Hand an eine Schwellung seines linken Beines und erzählt, wie er als deutscher Soldat so schwer an beiden Beinen verwundet wurde, daß zunächst die Amputation unvermeidlich erschien. 27 Jahre später, auf einem anderen Kontinent und nach einem weiteren Weltkrieg fotografierte „Eisie" auf dem Times Square für *LIFE*: „Ich rannte hinter einem Matrosen her, der nach jedem weiblichen Wesen griff – egal ob dick oder dünn. Aber sein dunkles Marineblau und die ebenfalls dunkle Kleidung der Frauen ergaben schlechte Kontraste. So überholte ich ihn. Als ich mich umdrehte, hatte er sich gerade jemanden in heller Kleidung gegriffen, und ich schoß eine Serie von vier oder fünf Bildern. Ich gab den Film ab und vergaß ihn. Am nächsten Tag lobten sie meine tollen Bilder, und ich fragte: ‚Welche Bilder?'".

Joe Rosenthals historisches Bild von der Hissung der amerikanischen Flagge auf Iwo Jima Anfang 1945 – später zu Unrecht als Montage bezeichnet – ist ähnlich entstanden: „Ich war mir nicht bewußt,

daß dies ein historischer Moment war, ich fühlte nur, daß die Szene es wert war, festgehalten zu werden. Aber den Leuten im Büro sagen ‚Ich habe *das* Bild', sollte man erst, wenn der Abzug da ist."

Von einer ähnlichen Erfahrung berichtet auch Carl Mydans zu seinem historischen Bild von MacArthur's dramatischer Rückkehr auf die Philippinen: „Oft sind sich die Fotografen beim Drücken des Auslösers gar nicht bewußt, daß das, was sie gerade auf den Film gebannt haben, Jahre später zur historischen Aufnahme werden wird."

Jahre zuvor, in den Dreißigern, hatte Roy Striker als Chef der Dokumentationsabteilung in der Farm Security Administration dem jungen Carl Mydans Hinweise gegeben, auf was er bei seiner Arbeit als Fotoberichterstatter der vom Menschen verursachten Versteppung amerikanischen Farmlandes achten solle. Mydans sollte dabei die Erfahrung machen, daß sich „die Schicksale dieser Menschen während der Depression auf ihren Gesichtern eingruben".

Auch Horace Bristol war sich dessen bewußt, als er mit John Steinbeck Zentralkalifornien bereiste und dort die Not der Wanderarbeiter festhielt, die während der Depression von Oklahoma hierher geflohen waren. Bristols Bilder erschienen in *LIFE*, und Steinbeck verarbeitete zur gleichen Zeit seine Eindrücke in *Früchte des Zorns*.

Ein halbes Jahrhundert später herrscht Hochkonjunktur, und Peter Lindberghs „Supermodels" sind das faszinierende Kontrastprogramm zu den Bildern aus der Depression. Mit der Darstellung seiner Sujets in Schwarzweiß durchbricht er die Fassaden des Glamours und zeigt die Menschen, die sich hinter diesen Fassaden verbergen.

Viele Fotografen meinen die Wurzeln ihres Schaffens genau zu kennen. Manuel Alvarez Bravo hingegen räumt zwar ein, daß der aztekische Einfluß in Mexiko und seine Kindheit während der mexikanischen Revolution sein Werk beeinflußt haben; aber er schränkt gleich wieder ein: „Man weiß nie, was

einen wirklich beeinflußt. Man nimmt Eindrücke auf und verarbeitet sie. Es ist wie beim Essen. Wie du ißt, so fühlst du dich."

Ähnlich wie der Mexikaner Bravo zeigen Eikoh Hosoe in Japan und der in Brasilien geborene Sebastião Salgado ihre ureigene Sicht des Fotografierens und eines Lebensstils fernab der abendländischen Welt.

Das Zwanzigste Jahrhundert war – wie alle seine Vorgänger – ein Jahrhundert der Kriege. Die Fotografie hatte erstmals im Mexikanisch-Amerikanischen Krieg von 1846–48 einen militärischen Konflikt begleitet. Bald darauf folgten Roger Fentons umfassende Dokumentation des Krimkrieges (1853–56), die aufwendigen Bildberichte von Mathew Brady und seiner Mitarbeiter über den amerikanischen Bürgerkrieg 1861–65 und zahlreiche weitere Konfliktreportagen. Die technischen Grenzen der damaligen Ausrüstungen zwangen zur Beschränkung der Bildberichte auf das Soldatenleben und auf die Folgen der Kämpfe. Die Leichenfelder, die Timothy H. O'Sullivan im amerikanischen Bürgerkrieg unter dem Titel *The Harvest of Death* nach dem Blutbad von Gettysburg aufnahm, lassen uns noch heute erschauern.

Belichtungen auf nasse Kollodiumplatten – sie hatten gerade die noch viel langsamere Daguerreotypie abgelöst – dauerten immer noch mehrere Sekunden lang. Das Kriegselend blieb gleich, aber die Möglichkeiten, es auch zu zeigen, schritten ständig voran. Die Wende vom 19. zum 20. Jahrhundert brachte mit der Entwicklung der Momentaufnahme erstmals die Möglichkeit, das Kriegsgeschehen unmittelbar zu zeigen. Empfindliche Filme für kurze Verschlußzeiten und kompaktere Ausrüstungen schufen die Voraussetzungen für direkte Reportagen von den Kämpfen.

Die zu Beginn des 19. Jahrhunderts erfundene Fotografie war damit erstmals in der Lage, auch das wirkliche Leben im Bild festzuhalten. Naomi Rosenblum stellt in ihrer *World History of Photography* dar, wie Stieglitz nach anfänglichem

Widerstand gegen die Handkamera „… erkannte, daß sie ein wichtiges Instrument zur Charakterisierung des zeitgenössischen Lebens ist" Er riet ihren Benutzern, die Szenerie zu beobachten und auf den Zeitpunkt zu warten, in welchem sich ihnen alles richtig präsentiere. Damit wird er zum Vordenker der erst dreißig Jahre später zu ihrer vollen Bedeutung gelangten Fotografie „im richtigen Augenblick".

Die Möglichkeit, den richtigen Augenblick auch tatsächlich zu treffen – Henri Cartier-Bresson führt sie uns in Theorie und Praxis besonders eindrucksvoll vor –, wurde durch die Einführung des 35-mm-Kleinbildfilmes enorm gefördert. Wenn Andreas Feininger für sein Porträt *Der Fotojournalist* eine Kleinbildkamera verwendete, so ist dies nur ein Beleg dafür, daß mit der Einführung der Leica im Jahre 1925 die 35-mm-Technik zum Standardwerkzeug aller Fotojournalisten für die aktuelle Berichterstattung geworden war. Robert Capas *Tod eines republikanischen Soldaten* aus dem spanischen Bürgerkrieg von 1936 und Eddie Adams dreißig Jahre später in einer anderen Epoche entstandene *Exekution eines gefangenen Vietcong* sind Werke, die das Bildgeschehen dieses Jahrhunderts mit geprägt haben. Die Kriegsberichterstattung zeigte aber auch kleine Lichtblicke der Menschlichkeit in der Finsternis des Kriegselends: Besonders anrührend wirkt W. Eugene Smiths US-Marinesoldat, der ein saipanesisches Mädchen in den Armen trägt.

Nach dem Zweiten Weltkrieg löste man sich von den Schreckensszenarien des Krieges und suchte Ruhe in der Darstellung des täglichen Lebens. Nirgends war dieser Umschwung nötiger und nirgends trat er stärker zutage als in Frankreich. Dort widmeten sich Fotografen wie Robert Doisneau, Willy Ronis, Edouard Boubat oder Sabine Weiss der schlichten Anmut des täglichen Lebens. Boubat erklärt das so: „Der Krieg war vorbei, wir wollten das Leben wieder genießen, und die Fotografie war für mich eines der Mittel dafür."

Jean-Philippe Charbonnier hatte während der Befreiung Frankreichs eine dramatische Bildsequenz über die Exekution eines Kollaborateurs auf einem Kleinbildfilm festgehalten. Jetzt richtete er sein Objektiv auf eine neue Lebensgier, die sich nach dem Zweiten Weltkrieg im Jahr 1945 Bahn brach.

Marc Riboud, Sebastião Salgado, Gordon Parks und Mary Ellen Mark sind weitere Zeugen menschlicher Themen nach dem Zweiten Weltkrieg. Salgado meint, seine Fotografie und die anderer könne Dialoge auslösen, die weltweit zur Lösung von Problemen beitragen könnten. Der Brasilianer Salgado, gelernter Volkswirt und Kenner der Weltwirtschaft und ihrer Auswirkung auf die Umwelt und die Länder der Dritten Welt, vertritt seine humanistischen Ideale weltweit: „Bilder, die ich in Gegenden wie der Sahelzone aufnehme, mache ich, weil sie eine Basis für die Diskussion von Problemen – von gewaltigen Problemen – sind. Schnelle Lösungen wird es dafür nicht geben. Aber es gibt nur eine Menschheit." Mary Ellen Mark, deren Arbeiten ebenso wie die Salgados Einfühlung und Mitgefühl mit ihren Sujets zeigen, beschreibt ihre Grundeinstellung: „Ich interessiere mich für den Menschen, der nicht alles im Leben erreicht hat und für die Leute am Rande."

Gordon Parks durchlebte Jahre des Rassismus, weigerte sich aber, sich zum Opfer stempeln zu lassen. Wir sprachen darüber, wie er es gegen alle Widerstände geschafft hat, sich in die Spitze seines Berufsstandes vorzuarbeiten und das Zusammenleben der Rassen im zwanzigsten Jahrhundert darzustellen.

Aber das Leben besteht natürlich nicht nur aus Topnachrichten und ernsten Problemen. Vielleicht gibt es keine treffendere Beschreibung der allzu menschlichen und humoristischen Aspekte unserer Existenz als die von Elliott Erwitt: „Das Leben ist nicht nur Glanz oder Elend, sondern auch alles, was dazwischen liegt."

Andere Meisterfotografen – etwa Jeanloup Sieff, Herb Ritts oder Peter

Lindbergh – finden für die Schönheit unseres Daseins besondere Formen. Sie wurden mit ihrem Werk zu Wegbereitern neuer fotografischer Darstellungsweisen. In den 80er Jahren waren es Peter Lindbergh und Bruce Weber, die der Mode mit ihrem realistischen, reportagehaften Stil neue Anstöße gaben.

In einem Beruf, in welchem man oft in bestimmte Schubladen einsortiert wird – Dokumentation, Mode, Werbung, Kunst etc. – manche davon noch mit weiteren Unterteilungen –, hat Annie Leibovitz sich ihre Eigenständigkeit bewahrt. Sie bewegt sich frei zwischen dem strengen Rahmen der Prominentenporträts und der saftigen Reportagefotografie. Ihre Prominentenstudien sind aufschlußreiche Dokumente. Wenn John Lennon und Yoko Ono sich umarmen, verweilt unser Blick auf dem Bild und regt uns an, über die Beziehung dieses Paares und das Geheimnis seines Erfolges nachzudenken. Eve Arnold hat in zahllosen Porträtsitzungen mit Marilyn Monroe das komplexe Leben einer der fotogensten Ikonen unseres Jahrhunderts in ihren Bildern nachvollzogen.

Wie bei Leibovitz zeigt sich auch die starke Persönlichkeit von William Klein in seinen Bildern. Während seiner gesamten Laufbahn scheute Klein nicht davor zurück, der Öffentlichkeit seine Sicht der verschiedensten Dinge klarzumachen: der Stimmungsmache in der Presse, des Vietnamkrieges, dem Gegensatz zwischen Arm und Reich. „Wie sollte man nicht Stellung beziehen? Was nutzt es, Dinge audiovisuell darstellen zu wollen, ohne zu sagen, was zu sagen ist?" Helmut Newton hat mit der Kamera die Sexualmoral der letzten vier Dekaden des Jahrhunderts bloßgestellt und bekämpft.

Immer wieder zeigen die Interviews, daß der Blickwinkel, der einen fotografischen Stil prägt, einer inneren Überzeugung entsprechen muß, will er wirklich Tiefgang zeigen. Allzu häufig führt die – oft selbst auferlegte – Forderung an junge Fotografen nach „einem eigenen Stil" nur dazu, daß diese ständig nur einen bestimmten „Look" schaffen wollen. Die Suche nach Äußerlichkeiten erschöpft sich darin, Modetrends hinterherzulaufen, ohne daß diese Arbeiten wirkliche Eigenständigkeit erreichen. Eisenstaedt kritisiert, daß die Jüngeren heute über Nacht das lernen wollen, wozu er ein Leben lang gebraucht habe. Marc Riboud merkt an: „Nur durch genaues Hinschauen verbessern wir unsere Sicht der Dinge und entwickeln unseren persönlichen Stil." „Gehe nicht raus und suche einen Stil, sondern nimm auf, was du fühlst und was dich anspricht", dieser Rat taucht in der einen oder anderen Form bei der Aussage aller Fotografen auf. Noch ein Jahrhundert später stehen die Arbeiten von Atget und Curtis für die Richtigkeit dieser Aussage. Und am Ende des 21. Jahrhunderts werden das Werk und die Worte der Fotografen dieses Buches den gleichen Stellenwert haben.

Zu den außergewöhnlichen Erfahrungen, die ich im Laufe der Gespräche und der Recherchen für dieses Buch hatte, zählt ein Tag in der Provence bei Henri Cartier-Bresson und seiner Frau, der belgischen Fotografin Martine Franck im August 1994. Vor einem Mittagessen zeigte Cartier-Bresson, daß seine Schlagfertigkeit mit seinem schnellen Blick Schritt hielt. Beim Durchblättern eines Exemplars von *Camera & Darkroom* bemerkte er: „Sie sollten den Titel in *Dunkle Kamera ohne Raumbedarf* ändern – denn nur so kriegen Sie gute Bilder. Meine Leica braucht keinen Platz. Sie ist nur so groß wie meine Hand. Für mich muß eine Kamera klein und unauffällig sein."

In technischer Hinsicht kamen wir im übrigen nur noch auf Brennweiten zu sprechen: „Weitwinkel nur ab und zu, wenn das Bild ihn braucht. Aber er hat etwas künstliches. Zu viele benutzen ihn dauernd. Es ist zu viel drauf. Wie ein Gericht mit zuviel Knoblauch."

Wir sprachen über die Landwirtschaft in seiner Gegend und er erklärte, wie man „den kleinen Mann" ausbeutete. „Der Bauer zahlt der Bank jahrelang seine Geräte ab und verläßt schließlich

seinen Hof, um *Patron* eines Bistros zu werden. Es ist scheußlich. Jeder kann ein Bistro aufmachen, aber ein Bauer …, nein, das braucht Generationen." Er schlägt mir vor, dieses Thema bei meinem nächsten Treffen mit dem Volkswirt Salgado aufzugreifen. „Was bringt der Fortschritt denn wirklich? Die Computer ersetzen die Phantasie. Das Fernsehen ist ein Konsumartikel. Wenigstens das Radio setzt noch ein wenig auf die Imagination."

Er wollte nicht fotografiert werden und auch sein fotografisches Werk nicht groß besprechen – „das war vor zwanzig Jahren …". Aber über das Leben im allgemeinen und seine Erinnerungen an einige alte Freunde sprach er ebenso gerne wie über seine Freude am Zeichnen. Obwohl er ab und zu noch Porträtfotos macht, hat er seine Reportagetätigkeit schon in den frühen 70er Jahren beendet, als er sich für das Zeichnen entschied. Dennoch hat er offensichtlich das Interesse an der Fotografie nicht verloren.

Beim Blick in meine Mappe mit den Porträts von Fotografen stößt Cartier-Bresson auf einen alten Freund: „Carl schätze ich sehr." Ich sage ihm, daß Carl Mydans fünf Kriege begleitet hat. „Das kann süchtig machen." Beim Blick auf den Fotografen Edouard Boubat und den renommierten Drucker Pierre Gassmann: „Fotografie bedeutet für mich, den Augenblick festzuhalten – wie das Skizzieren. Für Dunkelkammern habe ich mich nicht interessiert, meine Bilder stellten andere her, wie zum Beispiel Pierre Gassmann." Und beim Bild von Manuel Alvarez Bravo: „Seine erste Frau Lola ist ganz unbekannt. Dabei war sie eine sehr gute Fotografin." Er staunte, als er bei unserem ersten Treffen hörte, Eisie sei noch am Leben. „Eisie lebt? Oh! (mit Blick auf das Foto) Er sieht gut aus. Mili hat einen sehr guten Film über ihn gemacht. Er war Angestellter. Er wartete auf fertig gepackten Koffern auf seinen Telefonanruf und zog dann los. Es machte ihm nichts aus, ob ihm ein Thema gefiel oder nicht. Er hatte etwas Unschuldiges an sich."

Eisie hatte in der Tat etwas sehr Unschuldiges. Er lebte so voll, lang und gut, wie man es sich nur wünschen kann, aber als er im August 1995 starb, war das doch ein sehr trauriger Tag. Ich fühlte mich geehrt, als die Fotojournalistin Marie Schumann von *LIFE* mich anrief und mir mitteilte, sie wolle mein Porträt von Eisie als ganzseitigen Nachruf auf ihn bringen. Eisie selbst hatte es zu seinem Lieblingsporträt erklärt.

Am Ende jedes Interviews schoß ich Bilder meiner Gesprächspartner in ihrer eigenen Umgebung – meist in diffusem Licht. Oft brauchte ich nur ein oder zwei Rollen Film, manchmal sogar nur einige wenige Bilder. Man hat mich über mein Gefühl beim Porträtieren dieser Elitefotografen befragt. „Waren Sie eingeschüchtert?" Eingeschüchtert nicht, aber mehr als einmal voller Respekt.

Bei unserem Weg in das nächst Jahrtausend wird sich die Technologie, den flüchtigen Moment zu fixieren – ein Menschheitstraum von alters her und seit etwa 1820 zur Realität geworden –, immer weiter entwickeln. Es wird Filme, Videos und Digitaltechnik in höchster Qualität geben. Aber nichts davon wird die Stärke des unbewegten Bildes antasten können – jenen für immer eingefangenen Augenblick, der betrachtet und bedacht sein will, und der sehr viel bewegender sein kann als ein bewegtes Filmbild.

Mark Edward Harris

Gesichter des zwanzigsten Jahrhunderts

Alfred Eisenstaedt

1911 schenkte mein Onkel mir eine Kamera. Es war eine Eastman Faltenbalg-Kamera Nr. 3 mit roten Balgen. Ich knipste herum wie jeder andere junge Kerl. Ich fotografierte wie ein Amateur. Ich kaufte mir einen Tageslicht-Entwicklungssatz. Für die Abzüge benutzte ich das Badezimmer meiner Eltern. Mit sechzehneinhalb wurde ich zur deutschen Armee eingezogen. Am 12. April 1918 wurde ich verwundet. Es war nachmittags um vier Uhr. Der Schuß ging durch beide Beine. Anfangs wollte man sie mir amputieren, aber das unterblieb zu meinem Glück. Nach dem Krieg ging ich mit Gürteln und Knöpfen hausieren. Eines meiner wichtigsten Bilder machte ich 1927 während eines Urlaubs bei meinen Eltern in Böhmen. Ich nahm eine Tennisspielerin auf. Daheim zog ich es ab. Es sah nach nicht viel aus. Aber einer meiner Freunde, der sich ebenfalls mit der Fotografie beschäftigte, riet mir, es zu vergrößern. Davon hatte ich noch nie etwas gehört, da ich keine Ausbildung im Fotografieren hatte. „Was ist das?", fragte ich. „Komm mit und ich zeig's dir", antwortete er. Er schob meine Zeiss-Ideal 4 x 5 Kamera in einen komischen Holzkasten mit einer Mattlicht-Birne. Er zeigte mir, wie man mit der Vergrößerung überflüssige Bildteile weglassen kann. So öffnete er mir die Augen. Das Bild der Tennisspielerin reduzierte sich auf sie selbst und ihren Schatten; auf dem ursprünglichen Bild gab es noch Bäume, Bänke und anderes Zeug. Jemand riet mir, das Bild einer Zeitschrift mit dem Titel Der Foto Freund einzuschicken. Ich tat es und es wurde abgedruckt. Danach legte ich es dem Herausgeber der Wochenzeitschrift Der Weltspiegel vor – einem ähnlichem Blatt wie das amerikanische The New York Times Magazine. Er bot mir zwölf Mark dafür an. Ich war in meiner Unwissenheit völlig verblüfft. „Was? Bilder kann man verkaufen?!" „Ja", antwortete er, „und bringen Sie mir mehr von der Sorte. Das war ein gutes Bild." Er riet mir, die gleiche Kamera wie Dr. Erich Salomon zu kaufen, wenn ich mich mit professioneller Fotografie befassen wolle. Salomon war mein Vorbild. So kaufte ich mir eine Ermanox, eine perfekte Kamera für unauffälliges Fotografieren. Später traf ich die Leute von Pacific and Atlantic Photos [der späteren Associated Press] und arbeitete freiberuflich für sie. Ich trieb mich viel auf Parties und auf Erstaufführungen herum. Mein Boss im Geschäft mit Gürteln und Knöpfen schalt mich einen schlechten Verkäufer und gab mir eine Woche Zeit, mich zu entscheiden, was ich zu tun gedenke. Nach Ablauf der Woche sagte ich ihm, ich wolle auf die Fotografie umsatteln. Davon hatte er noch nie etwas gehört. Er sah mich an, als hätte ich den Verstand verloren.

Joseph Goebbels, 1933

Ich nahm Goebbels 1933 in Genf auf, vier Monate, nachdem er Propaganda-
minister geworden war. Ich stand hinter drei oder vier anderen Fotojournalisten. Er unterhielt sich mit ihnen und lachte. Dann war ich allein mit
Goebbels. Er blickte mich an und sah einen Feind. Ich fotografierte ihn
auch bei seiner Ankunft in Genf mit seinen Leibwächtern. Er umgab sich
mit ihnen wie später Castro. Ein paar Wochen später tauchten zwei von
ihnen mit Hakenkreuzbinden in meiner Wohnung in Deutschland auf.
Ich dachte, sie wollten mich verhaften. Aber sie verhielten sich freundlich.
Sie wollten nur ein paar Abzüge von den Bildern, auf denen sie mit drauf
waren. Noch vor der Machtergreifung ging ich abends einmal ins Kino.
Dort randalierten ein paar Nazis. Die damals noch demokratische Polizei
umstellte das Kino und verhaftete mich zusammen mit den Nazis. Auf der
Wache kam ich neben Reinhard Heydrich zu sitzen, der später für die
Ermordung unzähliger Opfer verantwortlich sein sollte. (Der als „Der
Henker" bekannt gewordene Heydrich war bis zu seiner Ermordung 1942
Gestapo-Chef). Heydrich stieß mich damals zu Boden. Tags darauf empfahl
mir die Polizei, ihn anzuzeigen, aber ich weigerte mich. Hätte ich es getan,
wäre ich heute wahrscheinlich nicht mehr am Leben. Ich sah für mich in
Deutschland keine Zukunft mehr und emigrierte 1935. Als Weltkriegs-
veteran durfte ich meine gesamte Habe mit nach New York nehmen. Dort
hatte ich Glück: Kurt Korff, der frühere Herausgeber der *Berliner Illustrirten
Zeitung,* vermittelte mich an Mr. Luce. Der ließ mich freiberuflich an zwei
Nullnummern eines Projektes mit dem Titel „Magazine X" mitarbeiten.
Man sagte mir, ich könne mit Margaret Bourke-White, Thomas McAvoy und
Peter Stackpole in die Redaktion kommen, wenn das Projekt umgesetzt
würde. Es wurde das Magazin *LIFE.*

Siegesfeier auf dem Times Square, New York City, 1945

Ich hatte den Auftrag, den Times Square abzugrasen. Ich verknipste jede Menge Film – fünf oder sechs Rollen. Ich rannte hinter einem Matrosen her, der nach jedem weiblichen Wesen griff – egal ob dick oder dünn. Aber sein dunkles Marineblau und die ebenfalls dunkle Kleidung der Frauen ergaben schlechte Kontraste. So überholte ich ihn. Als ich mich umdrehte, hatte er sich gerade jemanden in heller Kleidung gegriffen, und ich schoß eine Serie von vier oder fünf Bildern. Ich gab den Film ab und vergaß ihn. Am nächsten Tag lobten sie meine tollen Bilder, und ich fragte: „Welche Bilder?". Erst danach erinnerte ich mich an diesen Schnappschuß. Es war so viel los damals.

Hiroshima, 1946

1946 ging ich nach Tokio und fotografierte General MacArthur. Danach flog ich in einer Piper Cub nach Hiroshima und Nagasaki. Es war kalt. Es war furchtbar. Alles lag in Trümmern.

Sophia Loren bei den Dreharbeiten zu
Hochzeit auf italienisch, *Rom,* 1964

Viele Aufträge habe ich gern gemacht. Mich interessiert alles. Ich komme
unter die Leute. Beim Lesen meiner Tagebücher fasse ich es selbst kaum,
wieviel ich gearbeitet habe – Tag und Nacht. Ich kam ins Büro, und sie
sagten mir: „Morgen bist du in Akron, Ohio"; und am Nachmittag darauf
war ich zurück und bereit woanders hinzugehen. Gern gemacht habe ich
fast alles. Manches habe ich natürlich weniger geschätzt. Nachts zum Beispiel
arbeite ich nicht so gern. Nachts möchte ich schlafen. Ich stehe morgens
zwischen vier und halb fünf auf, auch wenn ich am Abend vorher nach einer
Theaterpremiere spät nach Hause komme. Auf meinen Reisen hatte ich zwei
oder drei Nikons, zwei oder drei Leicas und eine Unmenge von Objektiven
dabei. Meistens arbeitete ich mit Brennweiten von 35, 50 oder 90 mm.
Zu meinen schönsten Aufträgen zählen die Titelgeschichten über Sophia
Loren. Als wir sie auf dem Titel in Dessous zeigten, erhielten wir über 2.500
Beschwerdebriefe. Eine Mutter schrieb, sie habe die Titelseite heraus-
getrennt, um die Moral ihres in Vietnam
dienenden Sohnes nicht zu gefährden.
Der Junge nahm dort wahrscheinlich
Drogen und verkehrte mit Prostituierten. Die Leute hatten ja keine Ahnung,
was dort abging. Dabei war das Bild im
Vergleich zu heute geradezu züchtig.
Schauen sie sich Madonna an … Jungen
Fotografen rate ich nichts – ich frage sie
eher selbst um Rat. Sie kennen sich bei
den neuen Kameras und Techniken
besser aus als ich. Ich schätze sie; ich
halte mich auch nicht für konservativ –
ich gehe mit der Zeit. Aber heute ist
vieles anders. Ich habe ein Leben lang
gebraucht, um das zu werden, was ich
heute bin. Die jungen Leute wollen das
alles in ein paar Monaten schaffen.

*Kinder im Puppentheater der Tuilerien in Paris bei einer
Aufführung von „St. Georg und der Drachen", Paris, 1963*

Ich ziehe die Farb- der Schwarzweiß-Fotografie vor. Aber für Ausstellungen
taugt nur Schwarzweiß. Erinnern sie sich an das Bild vom Puppentheater? In
Farbe käme es nicht so gut heraus. Für Ausstellungen gibt es nichts besseres
als Schwarzweiß. Aber ich mag die Farbe. Mode- und Blumenbilder mache
ich nur in Farbe. Ich hätte gern noch viel mehr Naturaufnahmen wie die
auf Galapagos gemacht. Ich bin ein Kind der Natur. Aber man sagt mir nach
– vielleicht zu recht – daß ich es gut mit den Leuten kann.

Manuel Alvarez Bravo

Als Junge ging ich jeden Sonntag mit
Freunden in eines der beiden Museen in
der Nähe meiner Wohnung. Ich wohnte
damals im heute so genannten Centro
Histórico, wo man die Pyramide im
Zentrum von Mexico City entdeckte und
ausgrub. Eines der Museen war das für
Anthropologie und Geschichte mit einer
Abteilung für vorspanische Kunst. Es
ist mir als Kulturzeugnis besonders
wertvoll. Das andere ist das San Carlos
Museum für europäische Kunst. Anfangs
ging ich nur deshalb hinein, weil es in
meiner Nähe war. Es beeinflußte mich
stark, ohne daß ich es merkte. So etwas
geschieht einfach. Es ist wie mit dem
Essen. Man ißt und es wirkt. Natürlich
werden wir alle von dem beeinflußt, was
uns kulturell, politisch oder physisch
umgibt. Aber wie es sich auf mich ausgewirkt hat, sollen andere sagen. Wenn
man etwas fotografiert, denkt man noch
nicht darüber nach, was man damit aussagen will. Man schafft vielmehr etwas
Sichtbares, das später eine Bedeutung
erlangen kann, die man gar nicht
beabsichtigt hatte, die sich aber beim
Betrachter herauskristallisiert, ohne daß
sie sich mit der ursprünglichen Absicht
des Fotografen deckt. Ich arbeite nach
Gefühl. Nicht nach Plan. Nicht nach
einer Philosophie. Nicht mit dem Kopf,
sondern mit den Augen. Manchmal
ist Inspiration dabei. Instinkt ist wie
Inspiration, und irgendwann hat man
ihn. Ich habe nie im Leben nach einer
vorgegebenen Marschroute gearbeitet.
Ich lasse mich überraschen – lasse alles
auf mich zukommen. Ich verfolge
nichts. Ich nehme auf, was ich sehe.

So lebe ich mein Leben – nicht nur
beim Fotografieren, sondern immer.

Parábola Optica *(Optische Parabel)*, 1931

Der Titel sagt es schon: Die Dinge sind nicht so, wie sie scheinen. Stehst du vor einem Fenster, siehst du etwas von der einen Seite. Gehst du hinein, siehst du es von der anderen Seite aus. Deshalb habe ich das Positiv spiegelverkehrt gemacht. Das Fotografieren habe ich mir selbst beigebracht. Die Schule habe ich abgebrochen. Sie war wegen der Revolution geschlossen worden, und ich ging nie wieder hin. Ich ging arbeiten. Zuerst kam ich in eine Textilfabrik, ein Jahr später wurde ich Staatsangestellter. Ich übte dort verschiedene Tätigkeiten aus. Ich arbeitete gut. Einmal wurde ich vom Schatzamt als *Meritorio de la Tesoreria* ausgezeichnet. Venustanio Carranza, der Führer der Constitutionalistischen Armee überreichte mir die Auszeichnung. Ich hielt es allerdings in der Regierung nie lange in einem Job aus. Einmal war ich Assistent beim Zahlmeister im Zweiten Artillerieregiment der Landwehr. Danach ging ich ins Kultusministerium. Insgesamt habe ich von 1916 bis 1943 in der Regierung gearbeitet.

La buena fama durmiendo *(Wohlreputierter Schlaf)*, 1939

André Breton wollte für eine Ausstellung ein surrealistisches Foto von mir.
Für dieses Bild hatte ich den Einfall, Plastikbänder um die Gelenke und
Hüften des Mädchens zu wickeln. Die Bänder waren von einem befreundeten
Arzt. Ich erinnerte mich an ein Bild von Ballettänzerinnen bei der Probe, in
welchem alle Mädchen Bänder um die Füße gewickelt hatten. Daher kam
die Idee. Aussagen wollte ich damit nichts. Es war der Einfall eines Augenblicks für etwas surrealistisches, und ich dachte, es könne hinhauen. Außer
bei einigen Bildern wie La buena fama durmiendo würde ich meine Arbeiten
mehr als Produkte der Fantasie bezeichnen. Fantasie kommt nur aus der
eigenen Vorstellung. Surrealismus birgt einen Anflug von Realität in sich.
Der Titel La buena fama durmiendo entstand aus einer Laune heraus. Er
entstand, weil das Mädchen lag. Jeder andere Titel hätte genauso gepaßt.
Die meisten meiner Bilder haben frei erfundene Titel.

Frida Kahlo, nach 1930

Ich fing an, mich mit der Malerei und anderen Kunstrichtungen zu befassen und Einfluß darauf zu nehmen, nachdem sich einige meiner Mitarbeiter in der Regierung dafür interessierten. Einer meiner Kollegen war ein Neffe des Malers Grancel. Um 1922 erschien das erste Buch von Picasso in Mexiko. Ich sah es mir an. Bis dahin hatte ich nur die klassische Malerei gekannt, und jetzt revolutionierte Picasso mein Kunstverständnis. Es zog mich damals zur Malerei. Aber es war sehr schwer für mich, Abendkurse für Malerei zu besuchen, denn ich hatte schon Kurse an der Akademie für Handel und Verwaltung belegt. Die Stundenpläne überschnitten sich. Ich dachte, daß ich es mit der Fotografie leichter haben würde. Später wurde mir klar, daß sie wegen der technischen Mängel der damaligen Ausrüstungen eher komplizierter war. Ich mußte mir Fotozeitschriften als technische Ratgeber besorgen. Ich hatte das Glück, vielen großen Künstlern zu begegnen, nicht nur Fotografen, sondern auch Malern und Schriftstellern. So um 1927 stellte mich der Wandmaler Paul O'Higgins Tina Modotti vor, die mich sehr förderte. Als Tina von Mexiko wegging, übernahm ich das Fotografieren von Gemälden und Wandbildern für die Kunstzeitschrift *Mexican Folkways,* für die sie früher gearbeitet hatte. So lernte ich Leute wie Diego Rivera und Frida Kahlo kennen. Obwohl sie sich damals bereits von Edward Weston getrennt hatte, blieben die beiden miteinander in Kontakt. Sie zeigte mir seine Bilder, die er ihr aus San Francisco schickte. Einmal wurde Weston eingeladen, ich glaube nach Deutschland, um eine Ausstellung von Arbeiten aus dem amerikanischen Kulturkreis zusammenzustellen. Tina erfuhr das und wollte Weston auf meine Arbeiten aufmerksam machen, damit er sie mit aufnehmen könne. Leider kamen sie zu spät an, aber wichtiger für mich war, daß er sie gesehen hatte. Er schrieb mir, welche Bilder ihm besonders gefielen – zum Beispiel das Bild eines Jungen beim Urinieren oder das Bild eines mit Flechten überzogenen Felsens, welches er dem Einfluß von Hokusai auf mich zuschrieb. Vor dem Kauf meines Picasso-Buches hatte ich ein Buch über die klassische japanische Kunst erworben, welches ich sehr schätzte. Die Welle von Hokusai war dort abgebildet. Das Buch habe ich heute noch.

La Hija de los Danzantes *(Die Tochter der Tänzer)*, 1933

Coatlicue, 1987

Manchmal versuche ich, empfangene Eindrücke ein wenig festzuhalten.
Hier sieht man den unmittelbaren Einfluß der Museumsbesuche meiner
Jugend in der Nähe meines Hauses. Das Bild handelt von Leben und Tod.
Hier zeigt sich auch der Einfluß der prähistorischen Kunst auf meine Arbeit.
Wir nehmen den Tod leicht in dem Sinn, daß wir ihn für einen Teil des
Lebens halten. Diese Auffassung haben wir von den Azteken, den Tolteken,
den Majas und all den anderen Ureinwohnern übernommen, die hier ein
natürliches Leben geführt haben. Der Tod ängstigte sie nicht, er war ein
wichtiges Ereignis für sie. Er bedeutete die Wiedergeburt. Wir sehen den Tod
als Zwischenstation. Nach ihm beginnt ein anderes Leben, und du bewegst
dich weiter. Du bist nicht weg, du bewegst dich weiter. Deine Seele reist fort.
Unser Tod hier ist kein Ende. Er bedeutet nur einen Wechsel, eine Trans-
formation. Deine Seele bricht auf zu neuen Ufern, zu neuen Erfahrungen.

Horace Bristol

Wie fast alle anderen Fotografen auch
habe ich während der Depression jeden
nur möglichen Job angenommen, ohne
mich jedoch vom Fotojournalismus ab-
zuwenden – schließlich war ich in einer
Journalistenfamilie aufgewachsen. Deshalb sehe ich mich auch nicht als Fotograf, sondern als Fotojournalist. Ich will
den Unterschied zwischen beiden an
einem Beispiel erklären. Einer meiner
Freunde war Edward Weston aus San
Francisco. Eines Tages gingen wir zusammen mit Imogen Cunningham und
Ansel Adams zum Abendessen. Ich war
gerade bei *LIFE* eingestellt worden und
fühlte mich zum ersten mal nach einer
langen Dürrezeit wieder etwas wohler.
Ich erzählte ihnen über meine belich-
teten Filme, die ich zum Entwickeln an
das New Yorker Büro zurückgeschickt
hatte. Edward fragte: „Soll das heißen,
daß du die Herausgeber deine Negative
sichten und bearbeiten läßt?" Ich antwortete: „Ja, das ist mein Job." Darauf er:
„Du bist kein Künstler und kein Fotograf, sondern nur ein Handwerker."
„Stimmt", sagte ich, „ein Handwerker,
wie einer, der an einer Kathedrale baut."
Ich empfand das als ehrenvoll. Edward
war so genau in seiner Arbeitsweise. Er
arbeitete mit dem Format 20x35 cm und
stellte seine Motive auf das Genaueste
zusammen. Ich verwendete eine Linhof
10x13, gelegentlich auch eine Graflex
und eine Rolleiflex. Er war Fotograf, ich
Fotojournalist. Ich suchte nach Bildern,
die eine Geschichte illustrieren sollten.
Mir war es egal, ob ich mit Blende 4,5
oder 64 arbeitete, solange nur ein
brauchbares Bild zur Story dabei
herauskam.

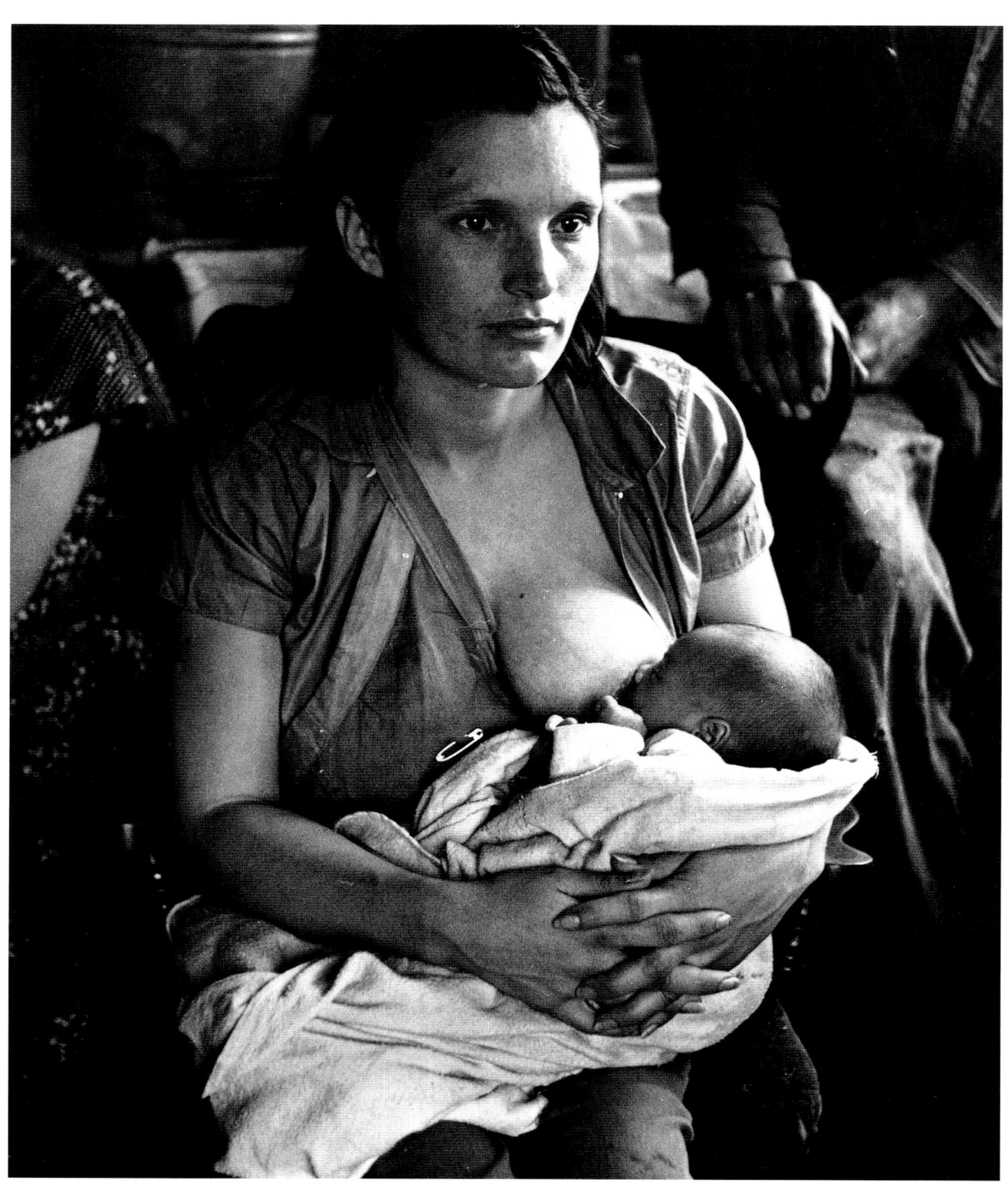

HORACE BRISTOL

Rose of Sharon, 1938

Als Dorothea Lange in der Farm Security Administration für die Regierung arbeitete, ging sie überall dorthin, wo es Wanderarbeiter gab. Ich war öfter mit ihr und ihrem Mann auf Tagesreisen in Kalifornien unterwegs. Sie beeindruckte mich mit ihrer Arbeit so sehr, daß ich mich entschloß, für das *LIFE*-Magazin eine Story über die Wanderarbeit zu machen. Ich beschrieb den Herausgebern das Elend der Leute, die die versteppten Ebenen verlassen hatten und in der Hoffnung auf gute Arbeit nach Kalifornien gezogen waren. Man lehnte die Story ab, aber ich wollte sie trotzdem machen. Ich stieß auf ein Buch von Margaret Bourke-White, die auch für *LIFE* arbeitete, und die zusammen mit Erskine Caldwell unter dem Titel *You Have Seen Their Faces* über die Armen im Süden geschrieben hatte. Ich fand meine Idee wegen der besonderen Umstände sogar noch besser: Diese Leute waren alle mittellos und noch dazu in Massen auf Wanderschaft. Ich brauchte jemanden wie Erskine Caldwell, der die Geschichte schreiben sollte, während ich fotografierte. Ich entschied mich für John Steinbeck, nachdem ich sein Buch *Stürmische Ernte* über die Probleme der Arbeitslosigkeit gelesen hatte. Ich rief ihn an und fragte ihn, ob er Lust hätte, mit mir einen Fotoband zu machen. Er sagte: „Klar, kommen Sie her." Er lebte südlich von San Francisco in Los Gatos. Ich glaube, er brachte damals gerade sein Buch *Von Mäusen und Menschen* heraus. Jedenfalls sagte er, er müsse unter der Woche arbeiten, habe aber an den Wochenenden Zeit für mich. Ich ging dann immer in die Safeway-Supermärkte und kaufte das übriggebliebene Gemüse und billiges Fleisch ein, bevor ich John in meinem Kombi abholte. Wir wußten, daß die Wanderarbeiter dankbar dafür sein würden. Wir fuhren durch das Central Valley zu den Plätzen, wo diese Menschen frei an Straßen und Flüssen kampierten. In den Lagern der Regierung waren die Leute zu eingeschüchtert, um frei zu sprechen. Im Central Valley war die Einstellung der Menschen zu den Problemen viel kritischer. Steinbeck war besorgt. Er fürchtete um sein Leben. Ich sagte ihm: „Niemand wird uns hier etwas tun." Ich fühlte mich nie gefährdet. Wer hätte schon von einem toten Fotografen oder Schriftsteller etwas gehabt? Nach knapp zwei Monaten gemeinsamer Arbeit rief ich ihn an und sagte ihm, daß ich nun genug Bilder für ein gutes Buch beisammen hätte. Er antwortete: „Tut mir leid, Horace, aber ich werde einen Roman draus machen. Es ist einfach eine zu gute Story." Und das tat er dann auch: Die *Früchte des Zorns* wurden ein Welterfolg, ähnlich wie *Onkel Toms Hütte.* Das gleiche galt für den Film, der nach der Romanvorlage entstand. Twentieth Century-Fox bat um meine Bilder, um aus ihnen Anregungen für das Drehbuch zu entnehmen, und tatsächlich ähneln einige der Darsteller den Menschen, die ich fotografiert hatte.

Junges Mädchen mit Frangipani-Kopfschmuck, 1939

Ich schlug der *LIFE*-Redaktion eine Story über Niederländisch-Ostindien
vor. Wilson Hicks sagte: „Wo soll das denn sein? Ich glaube kaum, daß unsere
Leser darüber was wissen wollen." Ich antwortete: „Vielleicht wissen Sie noch
nicht, daß die Mädchen von Bali mit nackten Oberkörpern tanzen." Er sagte:
„Na ja, vielleicht bringen wir es. Aber die Spesen zahlen Sie selbst, und Ihren
Lohn bezahlen wir solange an Ihre Frau aus." Ich ging an Bord eines
Frachters und kam vierzig Tage später mit einer Rolleiflex für Schwarzweiß
und einer 10 x 13-Kamera für Farbaufnahmen in Bali an. Ich schickte meine
Filme von dort aus weg. Als ich die Story im Kasten hatte, nahm ich wieder
einen Frachter zurück nach San Francisco. Nach der Ankunft besuchte ich
nur kurz meine Familie und flog dann weiter nach New York. Dort angekommen, erfuhr ich, daß es noch keine Abzüge von meinen Filmen gab,
daß sie aber alle angekommen waren. Ich ließ im *LIFE*-Labor ungefähr
300 Abzüge im Format 30x45 anfertigen und stolzierte damit zu diesem
Redaktionsleiter. Die Bilder waren gut. Er begann, sich ungefähr acht oder
zehn anzusehen und blätterte dann den Rest wie eine Broschüre durch.
Schließlich sagte er, daß dies zu viele Tanzbilder seien. Ich griff mir die
Bilder und meinen Mantel und stürzte aus dem Büro. Sein Assistent Ed
Thompson fragte mich, wo ich hinwolle. „Ich fahre heim", antwortete ich.
„Ich habe keine Lust, mich mit solchen Blödmännern herumzuärgern."
Er sagte: „Beruhige dich. Wilson Hicks ist noch nie aus Kansas City heraus-
gekommen, und er ist bloß neidisch auf deine Abenteuerreise. Wir bringen
deine Sachen zum Chefredakteur." So geschah es, und ich bekam die Titelseite und vierzehn Seiten im redaktionellen Teil – den größten Essay, den es
bis dahin überhaupt gegeben hatte.

Schneesturm auf den Aleuten, 1943

Edward Steichen ging mit 64 Jahren zur Navy, um dort eine Einheit von Fotojournalisten aufzubauen. Er rief mich an und fragte, ob ich mitmachen wolle. Ich fand es eine wunderbare Idee: Ich würde etwas machen, worin ich gut war und würde gleichzeitig meinen Teil zu den Kriegsanstrengungen beitragen. Außerdem würde ich für den Größten in meinem Beruf arbeiten. Was wollte ich noch mehr? Natürlich sah ich das Risiko. Aber im Krieg muß jeder das tun, was von ihm erwartet wird. Gegen Ende meiner Ausbildung in Harvard bemerkte ich, daß Steichen zwar ein großer Fotograf und ein wunderbarer Mensch war, daß er sich aber noch nicht mit Bildreportagen befaßt hatte. Ich mußte also genau wie bei *LIFE* meine eigenen Stories machen. Nach jeder von ihnen ging ich zurück nach Washington, stellte dort die Bilder zusammen und tat auch sonst alles erforderliche. Danach machte ich einen Vorschlag für eine neue Reportage. Ich dachte, die Aleuten müßten für eine Geschichte gut sein. Da es zur damaligen Zeit dort auf dem Land keine Kämpfe gab, beschäftigte ich mich mit den 24stündigen Langstreckenflügen unserer Aufklärer, die von den Inselbasen aus starteten und auf der Suche nach japanischen Schiffen fast bis zur russischen Grenze flogen. Nach einiger Zeit nahm ich an einer Lagebesprechung an Bord eines Schiffes teil, in welcher beschlossen wurde, tags darauf die Insel Kiska anzugreifen. Im Anschluß erzählte ich einem Freund wohl etwas zu laut: „Meine Freunde bei den Piloten sagen, daß niemand mehr auf der Insel ist." Der Admiral schnappte das auf, blickte mich sehr kritisch an und fragte, wie ich dazu komme, mich zu einer für den nächsten Tag geplanten Invasion zu äußern. Ich merkte, daß ich besser den Mund gehalten hätte. Meine Piloten hatten bei ihren täglichen Flügen über die Insel immer weniger Aktivitäten bemerkt und meinten, daß es dort gar keine Japaner mehr gebe. Als wir angriffen, fanden wir nichts mehr außer ein paar Hunden. Es gab lange Gesichter. Die Japaner hatten sich im Schutze des schlechten Wetters abgesetzt; möglicherweise hatte man sie mit U-Booten abgeholt.

Schütze in der Kanzel, Rettungsaktion auf Rabaul, 1944

1944 war ich im Südpazifik. Während der Bombardements von Rabaul startete
jeden Vormittag eine Aufklärungsmaschine, um abgeschossene Piloten auf-
zulesen. Die plumpe Maschine konnte vom Land und vom Wasser aus starten.
Angeschossene Bomber konnten oft noch die große Bay von Rabaul errei-
chen und dort notwassern. Wir flogen um die Insel herum, bis wir einen
Funkruf hörten: „Dumbo, SOS, SOS, ich bin bei Rabaul, holt mich raus!"
Unser Aufklärer war tatsächlich so etwas wie Dumbo, der fliegende Elefant.
Hier sollten wir nun den Mann aufnehmen, der den Notruf gefunkt hatte.
Die Japaner beschossen ihn von der Insel aus, und als wir uns näherten,
beschossen sie auch unsere Maschine. Der Abgeschossene konnte zu diesem
Zeitpunkt nichts sehen, so daß sich einer von unserer Besatzung schnell
auszog, ins Wasser sprang und ihn an Bord brachte. Anschließend hoben
wir sofort wieder ab. Man beschoß uns, und wir mußten schauen, daß wir so
schnell wie möglich wieder wegkamen. Unser Mann sprang nackt wieder in
seine Kanzel hinter sein Geschütz. Keiner verschwendete in diesem Moment
einen Gedanken an die korrekte Kleiderordnung.

Gewühl im Shinto-Schrein, Neujahr 1946

Nach dem Krieg ging ich für das Magazin *Fortune* nach Japan. Eine meiner ersten Stories von dort befaßte sich mit einer traditionellen Neujahrsfeier in einem Tempel in Zentraljapan. Junge Männer, gekleidet in sogenannte Fundoshi, stellen sich auf einem Balkon auf und springen dann in das dunkle Innere des Tempels. Dort versuchen sie, fächerartige Gebilde aus Kampferholz zu finden, die zuvor von den Priestern dort hineingeworfen wurden. Es gilt als ehrenvoll, wenn sie eines der Holzstücke herausbringen. Ich mußte mit Blitzlicht arbeiten, da das Tempelinnere stockfinster war. Das Bild war Teil einer Story für *National Geographic*. Aber nachdem ich einen nicht entwickelten Film eingesandt hatte und nachdem sie dieses spezielle Bild nicht brachten, sah ich es erst viele Jahre später wieder: Die Redaktion von *Geographic* rief mich an und teilte mir mit, sie hätten ein Bild von mir, daß sie für eine Ausstellung in der Corcoran Gallery anläßlich des 100jährigen Jubiläums von *National Geographic* verwenden wollten. Sie waren auf der Suche nach den ungewöhnlichsten und wichtigsten Bildern für die geplante Ausstellung auf mein Negativ gestoßen.

Carl Mydans

Manchmal finde ich es aufregend, in die Dunkelkammer zu gehen und zu beobachten, wie ein Bild, das ich vor fünfundfünfzig Jahren aufgenommen habe, im Entwickler genauso gut herauskommt wie beim erstenmal. Es ist schon überwältigend. Das belichtete, weiße Papier beginnt ein Bild zu produzieren … es wird deutlicher … und zugleich kehrt die Erinnerung und das Gefühl an die ein halbes Jahrhundert zurückliegende Zeit wieder. Fotografie hat immer etwas Einzigartiges, etwas persönliches. Die Leute schauen den Fotografen bei der Arbeit zu, aber meist ahnen sie nicht, wie sehr die Bilder ihn bewegen, die er macht. „Eisie" hat mich auch auf dieses Thema angesprochen. Wenn die Leute sich seine Bilder anschauen und darüber diskutieren, ahnen sie nicht, wie er selbst darüber denkt. Er versetzt sich genau wie ich in den Moment der Aufnahme zurück. Nicht viele Betrachter verstehen dieses Zurückversetzt werden in den Augenblick, in dem der Fotograf auf den Auslöser drückt. … Ein Fotojournalist befaßt sich mit den Themen seiner Zeit. Ich bin immer wieder gefragt worden: „Warum haben Sie sich so viel mit dem Krieg beschäftigt?" Die Antwort ist klar. Krieg war nicht mein Hobby. Krieg war der Begleiter meines Lebens. 1939 ging es mit dem Russisch-Finnischen Krieg los; dann kamen China, der Zweite Weltkrieg, der Koreakrieg und schließlich der Vietnamkrieg als letzter. Meine ersten Schlachterfahrungen machte ich im Russisch-Finnischen Krieg. Es war furchtbar. Ich hatte keine Ahnung vom Krieg. Mein erster Auftrag führte mich in Finnland an den Kemi-Fluß nördlich des Polarkreises. Die finnischen Truppen hatten eine ganze russische Division in einem Wald eingeschlossen. Die Soldaten und ihre Pferde lagen steifgefroren da. Ich habe seither noch viele schreckliche Kriegsszenen erlebt, aber dieser erste Anblick einer völlig aufgeriebenen Division im Schnee und in der arktischen Kälte hat sich mir tief ins Gedächtnis eingebrannt. Krieg ist immer etwas furchtbares, egal wer gewinnt oder verliert.

Baumwollpflücker als Wanderarbeiter in Crittenden County, Arkansas, 1936

Nachdem ich 1930 meine Ausbildung an der Boston University School für Journalismus abgeschlossen hatte, wollte ich Zeitungsreporter werden. Aber in den Jahren darauf, während meiner Arbeit für *The American Banker*, wuchs mein Interesse an der Fotografie. Während der Mittagspausen trieb ich mich mit meiner Contax 35mm in der Nachbarschaft meines Büros in der Wall Street herum. Abends entwickelte und vergrößerte ich meine Bilder bei mir zu Hause in Brooklyn Heights in einer Pseudo-Dunkelkammer. Eines Mittags fotografierte ich Eugene Daniell auf einer Seifenkiste, während er eine Brandrede gegen die Ungerechtigkeit im Lande hielt. Im Vorjahr hatte er eine Stinkbombe in das Frischluftsystem der Börse geworfen und so zum ersten mal seit dem Ersten Weltkrieg ihre Schließung während der regulären Öffnungszeit erzwungen. Ich brachte das Bild Dan Longwell von *Time*, der es in der Folgewoche veröffentlichte. Dan war ein überzeugter Anhänger des 35mm-Formates; er erklärte mir, daß es das System der Zukunft sei. Dan schlug dem New Yorker Repräsentanten der neuen FSA [Farm Security Administration] vor, mich als Fotografen zu testen. Dieser stellte gerade ein kleines Team von Fotografen zusammen, die auf dem flachen Land Fotografien machen sollten, mit deren Hilfe Franklin Roosevelt beim Publikum Unterstützung für seinen New Deal zu finden hoffte. Bei Roosevelt beschäftigten sich viele Ämter mit vielen Dingen: sie halfen Farmern, Opfern von Überschwemmungen, Obdachlosen, Arbeitern ohne Job, die sich als Gelegenheitsverkäufer auf den Straßen durchschlugen. Roy Stryker erklärte mir, ich werde die Folgen der Depression in die Gesichter der Menschen eingraviert finden. Er hatte recht. Und ich behielt seine Worte im Ohr, während ich durch das Land reiste und die Verwüstungen dort fotografierte.

Verletzte Philippinas werden während des Kampfes
um Manila in ein provisorisches Lazarett gebracht, 1945

Zugleich mit ihrem Überfall auf Pearl Harbor griffen die Japaner die Philippinen an,
und ich wurde zusammen mit meiner Frau bei den Kämpfen um Manila gefangen
genommen. Wir hatten noch zu fliehen versucht, aber es gab keine Schiffe oder
andere Transportmittel mehr. Man ergriff uns als feindliche Ausländer in einer
Hotellobby, wohin sich alle – meist Amerikaner und Kanadier – geflüchtet hatten.
Entgegen allen Berichten über Vergewaltigungen und das Schlagen der Gefangenen
muß ich sagen, daß wir von Anfang an korrekt behandelt wurden. Lediglich zu Essen
gaben sie uns nichts, aber sie hatten selbst auch nichts. Wir verbrachten die beiden
folgenden Jahre in zwei Gefangenenlagern: zunächst kamen wir nach Santo Tomas
in Manila, dann mit einem japanischen Truppentransporter nach Shanghai. Wir
waren Zivilgefangene und wurden meistens etwas besser ernährt und behandelt als
die Kriegsgefangenen. Aber es ging da nur um Nuancen. Kein Gefangenenlager ist
ein Platz zum Wohlfühlen. Zwei Jahre nach der Gefangennahme wurden wir aus-
getauscht. Man tauschte 1.500 Amerikaner und Kanadier auf einem schwedischen
Schiff gegen 1.500 aus Amerika und Kanada kommende Japaner. Der Austausch
geschah im neutralen Hafen von portugiesisch Goa. Beim Umsteigen gingen die
Amerikaner und die Japaner aneinander vorbei. Als wir wieder in New York waren,
wurde ich wieder bei der Armee angestellt und man schickte mich unverzüglich
nach Italien zu den Kämpfen um Monte Cassino, Rom und Florenz. Als ich die amerikanischen und französischen Truppen bei der Landung in St. Tropez begleitete,
erhielt ich ein verschlüsseltes Telegramm: „Bereiten Sie sich auf ihre Rückkehr nach
Asien vor, MacArthur ist dabei, auf den Philippinen einzurücken." Ich schloß mich
den Truppen MacArthurs an und begleitete ihn beim „Inselhüpfen" bis zur Landung
in Japan.

General Douglas MacArthur watet im Lingayengolf, Luzon, an Land, Philippinen, 9. Januar 1945

Ich war auf dem Schiff, mit dem MacArthur nach Luzon, der größten Insel der Philippinen fuhr. Er landete mit starken Truppeneinheiten im Norden von Luzon, und wir alle wußten: wenn wir diesen Kampf überstehen würden, würden wir den Pazifikkrieg gewinnen. Ich war auf MacArthurs Landungsboot und fotografierte ihn. Als wir uns dem Strand näherten, sahen wir, daß die Marineflieger dort bereits einen Landungssteg abgeworfen hatten. Er war wohl nicht einmal für den General bestimmt, sondern für alle Landungsboote, die dort Truppen absetzen sollten. Die meisten Leute denken, man habe dies nur für MacArthur gemacht. Ich weiß nicht einmal, ob sie den Steg bewußt ansteuerten, aber als ich es bemerkte, ging ich nach vorn und sprang vom Bug auf den Steg. Im gleichen Moment heulte die Maschine des Bootes auf und ich sah es zurückstoßen. Da wußte ich, daß er nicht über den Steg, sondern durch das Wasser an Land kommen wollte. Ich sprang vom Steg an das Ufer und rannte in die Richtung des Landungsbootes. Als es ans Ufer kam, stand ich da und fotografierte ihn, wie er an Land watete. Meine Schuhe waren trocken. Jemand, der MacArthurs Gedanken kannte, hatte dem Steuermann des Bootes gesagt, er solle nicht am Steg anlegen, sondern an das Ufer fahren. Hätte MacArthur es gewollt, wäre er genauso trockenen Fußes an Land gekommen wie ich. Aber er hatte einen Sinn für Dramatik. Er begriff die Dramatik des Bildes und wußte, daß es viel besser aussah, wenn er durch das Wasser an Land watete, anstatt den Steg zu benutzen.

Erdbeben in Fukui, Japan, 1948

Dieses Motiv spielte die Natur mir direkt in die Hand. Jeder erfahrene Fotojournalist hätte – wäre er wie ich direkt im Zentrum des Bebens von Fukui gestanden – gleich gute oder bessere Bilder gemacht. Ein solches Ereignis verlangt vom Fotojournalisten überlegtes Handeln, das Wissen, wie wichtig solche Bilder sind, ...wie man unter diesen Umständen arbeiten kann und, wenn ich so sagen darf, den Mut, weiter- zumachen, während die Erde um dich herum bebt und sich unter dir auftut.

Wenn ein Fotograf über diese Dinge erzählt, tut er es, weil ihm ein solches Bild geglückt ist. Aber weder er noch Sie wissen, wie oft er vielleicht schon vorher nahe an ähnlichen Motiven dran war, ohne sie aufnehmen zu können.

Schlagzeilen im Nahverkehrszug nach Stamford, Connecticut,
22. November 1963

Ich weiß nicht, ob ich ein Optimist bin ... ich bin ein Mensch, der an Menschen
glaubt. Und ich glaube und hoffe, daß wir trotz aller Schrecken einer besseren
Zukunft entgegengehen.

Joe Rosenthal

Als ich mit der Oberschule fertig war, hatte ich mich nicht für einen bestimmten Beruf vorbereitet. Es gab viele Arbeitslose, und ich wurde auch einer. Die Börse war zusammengebrochen, es gab endlose Schlangen von Jobsuchenden, und Familien zerbrachen an der Geldnot. Ich zog im Frühling 1930 von New York nach San Francisco. Mein Geld reichte gerade für die einfache Fahrt. Ich wollte zu meinen Brüdern und zu einem Onkel mit seiner Familie. Ich erhielt für 15 Dollar wöchentlich einen Job als Büro-Aushilfe in einem Zeitungsverlag. Ich durfte den Boden aufwischen, Post holen und verteilen und eine Kamera bedienen, mit der man Kopien von Fotos zum Verteilen machen konnte. Hätte ich diesen Job nicht gekriegt, wäre ich vielleicht in einem Gemüseladen gelandet. Aber so bekam ich etwas von der Fotografie mit. Schon bald drückten sie mir eine Graflex in die Hand. Einer der Fotografen erklärte sie mir: „Den Teil mit dem Glas mußt du auf das Motiv richten. Der Film kommt hinten rein. Und da ist der Auslöser." Der weitere Rat war: „Geh raus und mach ein paar Bilder. Bring sie her, wir entwickeln sie und sagen dir, was du falsch gemacht hast." Für mich war das die beste Lehrmethode. Ich lernte erst einmal, Motive zu suchen, und erst danach, sie auch richtig aufzunehmen. Schon bald nahm ich die Leichtathletik-Wettbewerbe zwischen den Colleges auf. Danach kam der Winter und mit ihm der American Football, der schon schwieriger aufzunehmen war, weil man den Spielablauf kaum voraussehen kann. Er erwies sich als gutes Übungsfeld für mich. Damals kam gerade die Speed Graphic auf den Markt, die handlicher war und einfacher funktionierte als die Graflex. Nach ungefähr zwei Jahren bot sich mir eine neue Chance: Die *San Francisco News* gaben mir eine Stelle als Fotojournalist. Ich arbeitete dort von 1932 bis 1935. Ich bekam die handgreiflichen Themen: Notaufnahmen in Krankenhäusern, Polizeiwachen, Gerichte … Der große Streik der Schauerleute von 1934 war das herausragende Ereignis. Sie streikten für ordentliche Arbeitsverträge mit den Schiffsreedereien. Sie wollten sich nicht mehr halbnachts anstellen und im Nieselregen darauf warten, daß sie vielleicht für diesen Tag angeheuert würden. Ich wurde vom Straßenmob für acht Tage ins Krankenhaus verfrachtet. Sie wollten nicht auf meinen Bildern wiedererkannt werden. Sie schlugen mich nieder. Ein Kerl zog mir mit einem schweren Stahlkabel eins über den Schädel. Die Polizei rettete mich, indem sie Tränengas in die Menge schoß und mich herauszog. Ich bekam natürlich das meiste Tränengas ab.

Saburo Kurusu, japanischer Sondergesandter in Washington,
14. November 1941

Mitte November kam der Sondergesandte Kurusu auf einem Pan-American-Flugboot
in San Francisco an. Er wollte mit einem anderen Flugzeug weiter nach Washington
fliegen, um den Frieden zu retten, so dachten wir jedenfalls. Einen Monat später war
Krieg. Beim Angriff auf Pearl Harbor gab es heftigen Aufruhr. Die Männer brachen
auf. Die großen Fotojournalisten bezogen ihre Posten. Ich selbst bewarb mich erfolg-
los um ein Übersee-Engagement. Associated Press hatte seine eigenen Kandidaten
dafür. So blieb ich an den Lokalgeschichten hängen. Kriegsvorbereitungen daheim,
Stromausfälle, USO-Aktivitäten, Rotes Kreuz, sogar Gefängnisse, deren Insassen
Sachen für die Jungens an der Front herstellten. Ein Feature nach dem anderen,
und jedesmal sah ich die ganz große Story in weitere Ferne entschwinden. Endlich
erhielt ich meine Einberufung, und bei der Musterung war alles bestens, nur leider
die Augen nicht. Mit meiner Brille konnte ich in der Welt des Fotografierens jeder-
zeit bestehen. Als man mich wegen meiner Augen für untauglich erklärte, fühlte ich
mich zum ersten mal ausgegrenzt.
Mitte 1943 rief mich ein Freund aus Washington an: „Ich baue gerade ein Korre-
spondentennetz für den Maritime Service auf. Wenn ich eine Ausnahmebewilligung
für deine Augen kriege, machst du dann mit?" „Klar", sagte ich. So würde ich zur
Handelsmarine und in die Konvois kommen. Ich sollte nach Großbritannien gehen
und dort in den Lazaretten für Seeleute Abenteuerstories sammeln. Man hoffte, auf
diese Weise mehr Freiwillige anheuern zu können. Von England aus ging ich nach
Algier. Nachdem ich auch dort meine Reportagen gemacht hatte, sollte ich mich mit
einem Schriftsteller in Neuguinea treffen. Im Indischen Ozean waren die Japaner.
Ich flog über Südamerika und Miami quer über die Staaten nach San Francisco.
Dort tauchte ich im Büro von Associated Press auf. Einer von ihnen, ein stellver-
tretender Fotoredakteur kam und fragte: „Hey Joe, wie wär's, wenn Sie für AP in
den Pazifik gehen würden?" So verabschiedete ich mich vom Maritime Service.
Wir schrieben Januar 1944. Ich wurde angestellt und ging als AP-Korrespondent
nach Neuguinea. Jetzt war ich zum ersten mal Kriegsberichterstatter.

Landung der Marines auf Iwo Jima, 19. Februar 1945

Der Sand auf Iwo Jima ist tiefgründig und scharfkantig; dies erschwert die Suche nach Deckung. Man muß sich förmlich durchpflügen. Die nächste Deckung darf höchstens zehn Meter entfernt sein. Meine Hauptkamera war eine 10x13 Speed Graphic. Das Arbeiten mit Rollfilm ist etwas ganz anderes als das Gefühl, das die Arbeit mit Planfilm vermittelt. Die Fotografen der Fotomagazine wie *TIME/LIFE* sind auf den Rollfilm fixiert. Sie verwendeten ihn, um damit Bildgeschichten zu erzählen. Der Pressefotograf hält sich dagegen mehr an das Einzelmotiv.

Flaggenhissung auf Iwo Jima, 23. Februar 1945

Am vierten Tag der Schlacht war ich auf das Flaggschiff hinausgefahren, um einen Packen Filme zum Entwickeln nach Guam zu schicken. Am folgenden Morgen informierte man mich darüber, daß General Holland Smith und der Marineminister sich auf einem kleineren Schiff etwa eine Meile von der Küste entfernt einen Überblick über das Schlachtgeschehen verschaffen wollten. Ich setzte also auf dieses Schiff über. Ich nahm ein Foto von General Smith und dem Marineminister Forrestal an der Reling und dem Mount Surabachi im Hintergrund auf. Es war noch früher Vormittag, und ich wechselte auf ein anderes Schiff, welches mich näher an die Küste heranbrachte und schließlich auf ein Landungsboot. Von einem Radioreporter erfuhr ich, daß eine Patrouille den Berg besteigen und dort unsere Fahne hissen wollte. Ich war überrascht, daß sie dies schon am Morgen des fünften Tages tun konnten und sagte mir: „Davon mußt du eine Aufnahme haben." Ungefähr auf halber Höhe begegneten wir vier Marines, unter ihnen dem Staff Sergeanten Louis Lowery, der für das Magazin der Marines, *Leatherneck,* fotografierte. Lowery und seine Begleiter erzählten, die Patrouille habe auf dem Gipfel eine Flagge gehißt, und er habe die Aktion fotografiert. Dennoch entschied ich mich, die Flagge auch noch aufzunehmen. Man hörte vereinzelt Gefechtslärm, aber in der Nähe blieb es ruhig. Dagegen wurde im Norden der Insel in gut zwei Kilometern Entfernung noch heftig gekämpft. Auf einer Kuppe sah ich unsere Fahne im Wind flattern. Es schnürte mir die Kehle zu. Als ich näherkam, entdeckte ich drei Marines mit einem langen Pfosten, und einer von ihnen hatte eine zusammengefaltete Fahne dabei. Sie schien ziemlich groß zu sein. „Was treibt ihr da, Leute?" „Wir ziehen eine größere Fahne auf, damit unsere Truppen sie von der ganzen Insel aus sehen können", und die erste wollten sie als Souvenir mitnehmen. Ich ging in Wartestellung, um die drei zu beobachten. Ich suchte mir eine Position aus, von der aus ich den Fahnenmast beim Aufstellen in voller Länge ins Bild bekommen würde. Weil im Vordergrund ein paar zerzauste Büsche standen, die mir teilweise den Blick auf die Marines verdeckten, machte ich mir aus Steinbrocken und alten Sandsäcken eines verlassenen Postens der Japaner einen kleinen Hügel, auf den ich mich stellte. So stand ich ungefähr einen halben Meter über dem Boden. Genau in diesem Moment rückte rechts von mir Bill Genaust, ein Filmreporter der Marine an und fragte: „Ich stehe dir doch nicht im Weg, oder, Joe?" „Nein, Bill, es geht schon. – Oh, sie kommt hoch!" Bill konnte gerade noch seine Filmkamera hochreißen, um diesen wundervollen, schönen und außergewöhnlichen Film zu machen, der das Aufziehen der Flagge zeigt. Der Fahnenmast war eine schwere Blei- oder Eisenröhre von vielleicht sieben Meter Länge. Vielleicht diente er dem japanischen Außenposten als Heiz- oder Wasserrohr. Zunächst versuchten sich nur die drei Marines an der Sache. Zwei weitere sahen zu und bemerkten, daß die anderen Hilfe brauchten. Einer der Männer kniete nieder, um das Mastende festzuhalten. Sie schoben es in eine flache Mulde, wo drei Männer den Mast festhielten. Ein anderer zurrte ihn mit drei Stricken fest. Danach stützten sie ihn weiter ab, indem sie um seinen Fuß herum Steine aufschichteten. Unten erfuhr ich später, daß die Aktion große Begeisterung hervorgerufen hatte. Ich war gerade in dem Moment am Ort, in dem sich das Schlachtenglück wendete. Bis dahin hatte es von Iwo Jima immer nur sehr traurige Nachrichten gegeben. Manchmal mußte man die Geländegewinne schon fast in Zentimetern messen. Daher maßen die Leute daheim diesem Ereignis so große Bedeutung bei.

Marines des 28. Regiments, 5. Division, bejubeln die Flaggenhissung auf Iwo, 23. Februar 1945

Ich nahm die drei Männer, die den Mast hielten, noch ein zweites mal auf, während ein weiterer das Seil zum Festbinden holte. In so einer Situation muß man immer noch etwas weiteres aufnehmen, um wenigstens mit irgend einem brauchbaren Ergebnis heimzukommen. Und diesmal habe ich zugegebenermaßen ein Bild gestellt. Ich rief einer Gruppe zu: „Ich möchte, daß ein paar von euch die Gewehre hochheben und die Flagge bejubeln." Das Bild kam zwar ziemlich gut heraus, hatte aber etwas von einem Klassenbild beim Abitur. Das erste Bild vom Aufstellen des Mastes war die Nummer zehn meines Zwölfer-Filmes. Auf Nummer elf hielten die Jungens den Masten senkrecht, und das Jubelbild war das letzte dieser Filmpackung. Ich war gerade wieder in Guam angekommen, da wurde ich im Pressehauptquartier von einem Korrespondenten angesprochen: „Gratulation, Joe, zu dem Flaggenbild auf Iwo." „Danke", antwortete ich. „Ein gutes Bild; hast du es gestellt?" Ich dachte nur an das letzte Bild mit den jubelnden Marines und antwortete: „Na klar." Aber dann kam jemand mit dem Bild von der Aufstellung der Flagge, und ich sah es zum ersten mal. „Oh", sagte ich, „das ist wirklich gut, aber das war nicht gestellt. Ich wollte, ich wäre der Arrangeur, aber ich bin es nicht." Dummerweise hatte ein anderer Korrespondent nur den ersten Teil des Gespräches gehört und schrieb, daß das Bild getürkt sei und daß ich es gestellt hätte.

Ken Kesey auf dem Dach eines Further Bus, 1967

Wieder daheim, hatte ich plötzlich einen Namen als Fotograf. Aber ich fand nicht
recht zu mir selbst. Meine Reaktionsfähigkeit war schlecht, und meine Nerven lagen
blank. Nachts schreckte ich auf und fragte: „Was war das für ein Geräusch?" Ich
brauchte dann immer lange, bis ich wirklich aufwachte. Ich suchte meinen Arzt auf,
und er sagte: „Sie leiden an nervöser Erschöpfung. Sie brauchen viel Erholung."
Also ging ich ins Büro und beantragte Urlaub. Sie boten mir sechs Wochen an.
Ich bedankte mich, sagte ihnen aber, daß ich drei Monate brauche und daher noch
unbezahlten Urlaub nehmen werde. Ich setzte mich ins Auto und fuhr nach Mexiko
City und von dort zweihundert Meilen westwärts in eine Stadt namens Tequila, die
ich schon von früher her kannte. Dort wird auch der Tequila hergestellt. Ich nahm
ein paar nette Bilder von den Leuten auf und half ihnen beim Testen ihres Produktes.
Allmählich entspannte ich mich. Nach acht Wochen Mexiko fuhr ich zurück zu
Associated Press. Sie behandelten mich freundlich, und ich war im Fotogeschäft
wieder mit dabei. Aber ich fühlte mich ungemütlich, weil sie meinen Arbeitsplatz
mit anderen Leuten besetzt hatten, während ich weg gewesen war. So bedankte ich
mich bei AP und kündigte. Ein Stockwerk höher saß der *San Francisco Chronicle*.
Der Lokalredakteur, den ich seit einiger Zeit kannte, fragte, wie es mir gehe. „Bestens,
ich bin gerade von AP weg", antwortete ich. Er bot mir auf der Stelle einen Job an,
und dem bin ich dann 35 Jahre lang treu geblieben. Ich denke, ich habe in dieser
Zeit eine Reihe von Superfotos gemacht, sonst hätte mich der *Chronicle* nicht so
lange bezahlt. Aber bekannt bin ich immer noch als der Kriegsfotograf von AP.

Jean-Philippe Charbonnier

Ich habe Kriege fotografiert. Ich war in Vietnam. Ich war in Nigeria. Ich habe schmutzige Asylunterkünfte ebenso fotografiert wie Geburten oder Mädchen in lesbischer Liebe. Aber je mehr von diesen Bildern man sich ansieht, desto uninteressanter werden sie. Große Fotografie kann leise sein. Schauen Sie sich die Arbeiten von Cartier-Bresson an. Wissen Sie, wie Henri Cartier-Bresson mit seinen Leicas arbeitete? Er schätzte die Belichtung für die Aufnahme ab. Den Entfernungsmesser hatte er im Kopf. Er stellte alles ein und machte sein Bild. Deshalb sind seine Bilder manchmal nicht ganz scharf, aber er hat sie im Kasten. Besser, es kommt ein etwas unscharfes Bild heraus als gar keines! Gene Smith mag seine Bilder sorgfältiger vorbereitet haben, aber Henri suchte das Motiv des Augenblicks; schwupp – und weg ist es. Als ich 1950 zu *Réalités* stieß, arbeitete ich hauptsächlich mit einer Rolleiflex, weil man das von mir verlangte. Ich war mit zwei Rolleis unterwegs, eine für Schwarzweiß und eine für Farbfilm. Dazu kam oft noch eine 10 x 13 Plattenkamera mit den ganzen Platten und einem Stativ. Damit zog ich um die Welt. Es war schrecklich. Ich traf auf dieser Weltreise einen Kollegen, Eliot Elisofon, einen großen Fotografen für das *LIFE*-Magazin. Es war in Kyoto in Japan, und ich konnte ihn bei der Arbeit beobachten. Ich fotografierte mit meiner 10x13 den Ryoan-ji-Tempel, und er verwendete Kleinbildkameras, womit seine Redaktion auch einverstanden war. Ich dagegen sollte eine Leica gar nicht erst anfassen. Sie sei zu klein. Außerdem behauptete

man, die Leica-Objektive seien nicht gut genug für die Farbwiedergabe. Erst nach und nach fingen sie an, die Kontaktabzüge von 35-mm-Filmen zu akzeptieren, und ich konnte allmählich auf das Kleinbildformat umsteigen. Ich hörte mit der Rolleiflex auf, da sie nur 12 Bilder und keine Wechselobjektive bot. Ich habe darüber vor einigen Jahren mit meinen Schülern an einer Grafikakademie gesprochen. Ich riet ihnen, beim Einfachen zu bleiben und nur eine Kamera mit einem Objektiv zu verwenden. Für mich ist es verrückt, wie heute Kameras oft mit allen möglichen Pfeilen, Lichtern und Tönen ausgestattet werden. Ich verbot ihnen, während meines Unterrichts Zoomobjektive zu verwenden. Man braucht sie nicht; genauso wenig, wie man einen elektrischen Filmaufzug braucht. Eine Kamera ist kein Maschinengewehr. Mit sowas macht man keine guten Bilder. Ich habe früher selbst vergrößert. Meiner Meinung nach gibt es keine guten Bilder ohne gute Laborarbeit. Es gibt viele gute Fotografen, die zugleich Experten der Dunkelkammer waren – Boubat, Doisneau, Jeanloup Sieff, Smith, Weston, Ansel Adams. Aber so etwas ist eine Begabung. Vergrößern ist wie Kochen oder andere Künste. Ich selbst interessiere mich nicht so sehr dafür. Außerdem ist es da drin dunkel wie in der Hölle.

Exekution eines Kollaborateurs, 5. Oktober 1944

Zu Beginn meiner Laufbahn gab mir der Mann meiner Mutter eine Leica Summar
F2. Ihren ersten echten Einsatz erlebte sie anläßlich einer schrecklichen Exekutions-
szenerie Im Oktober 1944 verwendete ich einen kompletten 35-mm-Film für eine
Reportage über die Exekution eines Kollaborateurs in der kleinen Stadt Vienne.
Er war sicher kein Meisterspion – eher ein kleines Licht, das irgendwo als Lauf-
bursche oder Hilfskraft der Deutschen eingesetzt worden war. Die wirklich üblen
Kollaborateure waren schwerer zu fassen, und so mußten die Kleinen es büßen.
Gerade in den ersten Tagen nach der Befreiung schlugen die Wellen des Hasses
gegen alle Arten der Kollaboration besonders hoch. Fünftausend Bürger hatten
sich auf dem Hof des Lager eingefunden, um bei der Hinrichtung dabei zu sein.
Der Verurteilte erhielt einen Schnaps und eine letzte Zigarette. Aus alter Gewohnheit
in den Zeiten strenger Rationierung drückte er die Zigarette nach fünf oder sechs
Zügen aus und steckte die Kippe in seine Tasche. Die Nutzlosigkeit seines Handelns
war ihm wohl nicht bewußt. Nachdem ihm ein Pfarrer die Absolution erteilt hatte,
führte man ihn über den Hof. Als Verräter band man ihn mit dem Rücken zum
Exekutionskommando fest. Dann kam der Befehl, und er wurde erschossen.
Ich war von diesem Akt öffentlicher Justiz zutiefst erschüttert und schockiert.
Ich verabscheue Kollaboration wie jeder andere, aber hier schienen mir Vergehen
und Strafe außerhalb jeglicher vernünftiger Relation zu stehen.

Der Restaurateur, Teheran, Iran, 1952

Exotik, das ist für mich eine U-Bahn-Fahrkarte in einer fremden Stadt. Wozu brauche ich eine Rundreise durch Japan? Paris ist für mich wie ein Gottesgeschenk. Aber ich arbeitete für ein Magazin *[Réalités]* mit internationalem Anstrich. Sie hatten sieben hauptberufliche Fotografen. Am häufigsten von ihnen wurden Edouard [Boubat] und ich ins Ausland geschickt. Vermutlich trauten sie uns am ehesten zu, mit etwas ordentlichem zurückzukommen. Egal bei welchem Wetter und bei welchen Leuten, irgendeine Story brachten wir immer zurück. Ausreden wie: „Wir konnten wegen der vielen Moskitos nichts machen" oder „Ich habe ein Mädchen getroffen und konnte deshalb zwei Wochen nicht raus", waren fehl am Platze. Die Redaktion gab mir oder Kollegen wie Boubat nie Zeit genug, um uns in den Rhythmus der Plätze einzufühlen, die wir besuchten. Wir konnten nicht warten, bis etwas geschah. Wir mußten die Motive aufspüren. Ich zum Beispiel bin in viereinhalb Monaten rund um die Welt gereist. Ich hatte nicht mal genug Zeit, um mir die Nase zu putzen … es war unmög-lich. Du kommst irgendwo an – nehmen wir mal an, in Kuwait. Du kommst an, und noch am gleichen Tag mußt du weiter. Nicht am nächsten Tag – am gleichen! Und so geht's weiter, von einem Ort zum nächsten. Keine Zeit um zu fühlen: „Mir geht es gut. Ich bin in Kuwait City. Ich kenne die Stadt nicht. Aber die Sonne scheint, es ist warm, und es könnte interessant werden. Ich freue mich darauf, die Geheimnisse dieser Stadt zu entdecken." Statt dessen starrst du in den paar Stunden pausenlos auf die Uhr.

Ulan Bator, Äußere Mongolei, 1955

Ich schätzte die Aufträge, die ich für *Réalités* machen konnte. Was ich weniger schätzte, waren die Umstände meiner Arbeit. Wir hätten viel bessere Bilder machen können, hätte man uns nur ein wenig mehr Zeit zum Überlegen und zum Umsetzen unserer Gedanken gegeben. So passiert es immer wieder, daß man zum falschen Augenblick am falschen Platz ist. Ich erinnere mich an eine dreimonatige Reise, innerhalb derer ich fünf oder sechs Stories zu produzieren hatte. Nach meiner Arbeit in der Äußeren Mongolei – wo ich der erste westliche Fotograf war – und in China, kam ich in Rangun in Burma an. Ich hatte genug von all den pittoresken Szenen. Ich hatte genug von den Mönchen in gelben Kutten. Ich konnte keine Tempel mehr sehen. Ich war mit Bildeindrücken überfüttert. Es war einfach zuviel. Ich selbst hätte mir niemals soviel zugemutet. Das machte einfach keinen Sinn. Hätte man mir doch gesagt: „Mach deinen Job, nimm dann drei Tage frei, leg dich mit einem Mädchen an den Strand oder tu sonst was", das wäre o.k. gewesen. Aber was soll's. Ich durfte durch ein wunderbares Berufsleben wandern – mit einem Riesenstein im Schuh.

Klassenzimmer, Kintélé, Französisch-Äquatorial-Afrika, 1951

Die Arbeiten von Eugene Smith, den ich in Arles traf, haben mich immer fasziniert: wie sie gemacht waren, wie Vergrößerungen entstanden, wie er die Motive ausleuchtete. Er machte alles so schön. Und er war ein phantastischer Techniker. Ich habe an zwei Themen gearbeitet, die auch er schon angegangen hatte. Das erste handelte von Dr. Schweitzer, das zweite von einem Landarzt. Natürlich bin ich anders an die Sachen herangegangen als er. Das Klima bei Dr. Schweitzer in Lambarene/Gabun war eine Katastrophe. Nur Nässe. Überall die Moskitos. Und dazu dann die wunderbaren Bilder von Smith mit ihrem weichen Licht. Man nimmt es ihm nicht ab. Man weiß, er war da. Im Bild ist Dr. Schweitzer und er hat nicht irgendein Double im Studio fotografiert. Auch keinen Marlon Brando. Und doch hat das ganze nichts mit dem wirklichen Leben dort zu tun, mit der Nässe und den Moskitos. Nein, nein, nein. Es sieht eher aus wie seine Bilderserie über spanische Dörfer. Ein phantastisches Bühnenbild, und es erfreut mein Auge. Aber es sind keine Szenen aus dem wirklichen Leben. Sie haben nichts von Robert Capas Bildern über den Siegestag oder mit irgendwelchen Bildern von Henri Cartier-Bresson zu tun.

In den Kulissen der Folies Bergère, Paris, 1960

Ein oder zweimal jährlich habe ich auf Modenschauen fotografiert. Ich habe mit berühmten Modellen gearbeitet, darunter Bettina und Suzie Parker. Damals und heute noch habe ich mir gesagt: „Wie soll ich diesen Mädchen beibringen, was sie tun sollen?" Sie wissen es doch ohnehin. Ich wäre mir vollkommen blöd vorgekommen, wenn ich versucht hätte, sie herumzudirigieren. Deshalb mache ich keine Modefotografie. Genauso ist es mit Akten. Ich habe schon Aktstudien gemacht, aber nur von Freundinnen, mit denen ich zusammen war und von meiner Frau. Sie waren eben auch mal nackt. Einer, der Nacktfotos macht, ist anders. Ich ziehe niemanden aus, und ich kann einem Mädchen nicht sagen: „Guten Abend, zieh dich aus, setz dich dort hin, und dann machen wir die Bilder."

Gordon Parks

Ich begann mich 1937–1938 während meiner Zeit als Kellner bei der Eisenbahngesellschaft North Coast Limited für die Fotografie zu interessieren. Bis dahin hatte ich noch nie im Leben ein Bild gemacht. Den Anstoß gab wohl eine Wochenschau während eines Haltes in Chicago, die ein von den Japanern am Yangtse-Fluß beschossenes und versenktes amerikanisches Kanonenboot zeigte. Norman Alley, der Mann der den Film gemacht hatte, bekam nach der Vorführung stehende Ovationen. Ich beneidete ihn um das Aufsehen, das er erregte, und das gab mir selbst den nötigen Anstoß.

Am meisten beeinflußten mich aber die FSA-Bilder von Dorothea Lange, Walker Evans, Arthur Rothstein, Jack Delano, Carl Mydans und John Vachon. Es rührte mich an, wie sie es fertigbrachten, die Öffentlichkeit auf die schreckliche Armut der Landbevölkerung aufmerksam zu machen; auf die Farmer, die ihre Höfe verloren und sich als Wanderarbeiter verdingen mußten. Ich wollte in gleicher Weise den Rassismus bekämpfen, wie sie die Armut. Aber ich setzte damals mein Vorhaben noch nicht in die Tat um. Es blieben lediglich die Eindrücke. Ich interessierte mich für alles. Zum erstenmal sah ich Modefotos in den Hochglanzblättern, die die Reichen in den Zügen zurückließen – schöne Frauen, die man in Paris und London fotografiert hatte. Und ich war nur der kleine Junge aus Kansas. Unmöglich – gar nicht dran zu denken. Nicht mal eine Kamera war da. Leisten konnte man sich keine. Und wenn, wüßte man nicht, wie sie funktioniert. Aber zur Hölle mit den Zweifeln. Folge deinen Träumen. Ich bin Glücksspieler. Ich kannte die Talsohle – es konnte nur aufwärts gehen; also spiele! Ich kaufte in Seattle in einem Ramschladen eine gebrauchte Voigtländer Brillant für $ 7,50. Der Zug hatte dort drei Tage nach der Wochenschau in Chicago gehalten. Wie man den Film einlegt wußte ich ebensowenig wie der Kerl aus dem Ramschladen. Er hatte aber ein paar Rollen Film im Regal und zufällig war ein Kunde da, der sich auskannte und freundlich half: „Ich lege ihn für Sie ein." Ich habe so eine Vermutung, daß er ein ganz bekannter Fotograf aus dem Westen war.

Moslemische Schulkinder, 1963

Das wichtigste, was mich meine Mutter gelehrt hatte, war, Erfolglosigkeit nicht auf
meine Hautfarbe zu schieben. „Was ein Weißer kann, mußt du besser können. Komm
mir nicht damit, daß du das und jenes nicht geschafft hast, weil du schwarz bist und
weil sie dir deshalb keine Chance gegeben haben. Umgeh sie. Du kannst ihnen aus-
weichen. Zeig's ihnen. Beweise es ihnen. Mach sie wütend auf dich." Wo sie diese
Philosophie her hat, weiß ich nicht. Ich weiß nicht einmal, ob sie einen Schul-
abschluß hatte. Ich war das jüngste von fünfzehn Kindern, und sie starb, als ich
vierzehn war. Sie wußte, daß sie sterben würde, und versuchte, mir all das in kürzester
Zeit einzutrichtern, was sie den anderen Zeit ihres Lebens beigebracht hatte. Viel
Liebe war dabei, wenn sie die Dinge erklärte, die Verhältnisse ins rechte Licht rückte
und Wege aus dem Rassismus aufzeigte. Als Kind wuchs ich in Fort Scott, Kansas,
damit auf. Ich konnte mein Mädchen nicht einmal auf ein Soda in den Drugstore an
der Ecke einladen. Er war den Weißen vorbehalten. In der Grundschule gab es die
Rassentrennung, in der Höheren wohl nur deshalb nicht, weil die Stadtväter nicht
genügend Geld für den Bau einer zweiten Oberschule hatten. Aber unser Klassen-
lehrer sagte uns, wir bräuchten uns nicht auf das College zu bemühen, weil wir
sowieso nur als Gepäckträger oder Dienstmädchen enden würden. So lief das damals
bei uns. Heute bin ich im Fernsehen und im Radio, in Geschäften, auf der Bank,
und ich sehe Schwarze und andere Minderheiten Sachen tun, von denen ich in
meiner Jugend noch nicht einmal geträumt hätte. Ich habe unglaubliche Veränd e-
rungen im Verhältnis der Rassen miterlebt, daran gibt es keinen Zweifel. Und doch
gibt es noch solche trostlosen Orte wie Harlem, Watts oder Südchicago, die trotz
dieser Veränderungen noch zu wachsen scheinen. Es ist schlimm. In Südchicago
wird es nicht besser, sondern schlechter. Ebenso in Harlem. So sehe ich einesteils
Licht und Hoffnung. Anderenteils sehe ich dort das Kind, das nicht begreifen kann,
welchen Weg wir schon geschafft haben. Es ist immer noch bettelarm. Es friert
immer noch. Es ist immer noch hungrig und wird immer noch diskriminiert. Kein
Vater und keine Mutter ermutigt es so wie damals mich. Es ist verloren. Das Wort
„Fortschritt" ist nur ein relativer Begriff.

Ella Watson, Amerikanische Gotik, Washington D.C., 1942

Jack Delano von der Farm Security Administration hatte einige meiner Arbeiten von Südchicago gesehen und ermutigte mich, mich der FSA anzuschließen. Das tat ich 1942. An meinem ersten Arbeitstag in Washington schickte mich Roy Stryker los. Er fragte mich: „Was wissen Sie über Washington?" „Nun, das ist die Hauptstadt der Vereinigten Staaten, dort lebt der Präsident." Ich fuhr fort mit profanen Antworten wie dieser. So erteilte er mir diese recht merkwürdig klingenden Anweisungen. Er befahl mir: „Leg deine Kamera weg, kauf dir im Warenhaus von Julius Garfinckel einen Überzieher, geh' in das Restaurant gegenüber, dann ins Theater und ins Kino. Und dann komm wieder ins Büro." Überall wurde ich auf die eine oder andere Weise zurückgewiesen. Schroff im Theater. Subtiler bei Julius Garfinckel: sie fanden mein Größe nicht, und sie suchten sie auch nicht. Im Restaurant wurde ich am Empfang zurückgewiesen. Und all das an einem Nachmittag. Stryker wollte mich mit seinem Auftrag über die wahren Verhältnisse vor Ort aufklären. Eigenartigerweise verletzte mich dieser Rassismus in Washington D.C. mehr als jener, den ich als Kind in Kansas erlebt hatte. Ich griff Strykers Anregung auf, mich mit anderen Schwarzen zu unterhalten, die ihr Leben in Washington verbracht hatten. Ich sprach eine schwarze Putzfrau an, die im Gebäude arbeitete. Eine Stunde lang breitete sie ein Leben in Hoffnungslosigkeit und Unterdrückung vor mir aus. Ich bat, sie fotografieren zu dürfen. Ich stellte sie vor die amerikanische Flagge mit einem Mop in der einen und einem Besen in der anderen Hand. Es war wohl meine erst Aufnahme für die Farm Security Administration, und sie wurde zu einer der stärksten meines gesamten Repertoires.

Red Jackson, Gangführer in Harlem, 1948

Ich betrat Wilson Hicks Büro im *LIFE*-Magazin und er fuhr mich an: „Was zur Hölle
haben Sie hier zu suchen? Wie kommen Sie hier rein?" Wilson war ziemlich brutal,
und viele haßten ihn. Ich antwortete: „Ich möchte Ihnen ein paar Bilder zeigen."
Zuvor war ich hinaufgegangen und hatte mich nach seinem Büro erkundigt. Ich
rechnete damit, hinausgeschmissen zu werden, aber dann kam John Dille, der
Redakteur für Dokumentarisches, ins Büro und sah etwas von dem, was ich für die
FSA gemacht hatte. Er war auf der Suche nach einem starken Dokumentarbericht.
Wilson fragte mich: „Was schlagen Sie vor?" Ich schlug ihm einen Bericht über eine
Gang aus Harlem vor – nicht weil mir danach war, sondern weil ich den Mann heiß
machen wollte. Schließlich mußte ich mit meiner Kamera etwas bringen, was kein
Weißer machen konnte, also zum Beispiel nach
Harlem gehen. Hicks stimmte auf den Rat von John
Dille hin zu. Nach der Veröffentlichung des Berich-
tes in *LIFE* spendeten einige Leser Geld. Es ist mir
eine Genugtuung, wenn mir Leute schreiben, sie
hätten aufgrund eines Bildes von mir das oder
jenes getan. Aber manchmal geht die Sache nicht
so aus, wie man es sich gewünscht hätte. *LIFE*
spendete eine erhebliche Summe, um den Fonte-
nelles, der Familie von Red, dem Führer dieser
Harlem Gang, ein neues Heim zu geben – ein
hübsches altes Haus außerhalb von Harlem mit
Garten, Waschmaschine, neuem Herd und allen
möglichen weiteren Dingen, die die Leser gespen-
det hatten. Und dann kommt eines Tages der Vater
betrunken heim, legt Feuer, das Haus brennt nieder,
er selbst verbrennt, der kleine Kenneth stirbt. Mrs.
Fontenelle geht zurück nach Harlem und sagt: „Ich
will diesen Platz nie mehr wiedersehen." Alles, was
in dem hübschen, kleinen Haus in Harlem gewesen
war, war tot. In Harlem hatte sie wenigstens noch
lebende Angehörige.

Ingrid Bergman, Stromboli, Italien, 1949

Ich hatte gerade meinen ersten Modeauftrag in Paris, noch ohne dem *LIFE*-Team
anzugehören, man wollte mich wohl erst einmal testen. Ich war gerade fertig und
hatte die Bilder nach New York geschickt, da bekam ich ein Telegramm: Es gäbe da
eine wunderbare Liebesgeschichte auf der Insel Stromboli zwischen Ingrid Bergman
und Roberto Rossellini; ich solle sofort hin und einen Bericht machen. Roberto war
zu einer Art Inseltyrann geworden, der alle Reporter hinauswarf, weil sie Ingrid
schlecht gemacht hätten. Alle Welt schien gegen sie eingenommen, weil sie für
Rossellini Mann und Tochter verlassen hatte. Außerdem war sie damals schwanger.
Mit dem Filmen ging nichts mehr, und Roberto war sauer auf alle Journalisten.
Andererseits brauchten sie die Öffentlichkeit und suchten jemanden, dem sie
vertrauen konnten. Ingrid setzte auf mich. Sie hatte meine Bilder von der Harlem
Gang in *LIFE* gesehen und war der Meinung, sie seien mit Gefühl aufgenommen.
So wurde ich eingeladen. Ich nahm gerade auf einer Seite der Insel ein Bild von ihr
auf, da kamen drei in Schwarz gekleidete Frauen. Sie schauten neugierig, was Ingrid
und ich taten und blieben einen Moment lang stehen. Diesen Moment nutzte ich.
Ich denke, das Bild ist symbolisch für das Gefühl, welches Ingrid und Roberto
damals von ihrer Umwelt hatten.

Muhammad Ali nach dem Kampf gegen Henry Cooper in London, England, 1966

Ich habe einmal einem jungen Schwarzen einen Ratschlag erteilt. Er kam auf mich zu und sagte: „Ich möchte Fotograf werden. Wie zum Teufel haben Sie das damals ohne Hilfe geschafft? Sie sind bei *VOGUE* gelandet und bei *LIFE*, sie waren der erste farbige Direktor in Hollywood …" „Wenn Sie das wirklich wissen wollen: Indem ich einfach vergaß, daß ich Afro-Amerikaner bin. Ich war einfach jemand, der seinen Job zu erledigen hat. Rassismus und das, was er den Leuten antut, berührten mich nicht. Ich akzeptierte ihn einfach nicht. Ich ignorierte ihn. Ich umging ihn. Mein Vater pflegte zu sagen: „Gehe im Walzerschritt um sie herum und tanze dann Foxtrott auf ihrem Rücken" (lachend). Wenn du dich von Bigotterie kaputtmachen läßt, machst du nur die bigotten Leute glücklich, denn dann haben sie ihr Ziel erreicht. Wenn sich jemand deine Arbeiten ansieht und dir dann keinen Auftrag gibt, schieb das nicht auf deine Hautfarbe, wenn der Grund dafür in Wirklichkeit ein anderer ist. Also: wie viele weiße Jungens wären auch gerne bei *LIFE* gelandet, als ich 1948 dort anfing? Millionen wären gerne *LIFE*-Fotografen geworden. Das war das Ziel. Hätte ich gar nicht erst davon träumen sollen?"

Andreas Feininger

Die Kamera hält sozusagen die Zeit an. Sie gibt uns Zeit, das genauer zu betrachten, was wir im Moment der Aufnahme gesehen haben. Was als Bild vor uns liegt, kann wirklich angeschaut werden; wir können die Details studieren und jedes einzelne Element analysieren. Wir können darüber nachdenken. Bei der Aufnahme selbst denkt man nur an die Belichtung, die Schärfe und an den Bildaufbau. Ich habe immer das Einfache bevorzugt. Alles weglassen, was unnötig ist. Ich war nur kurze Zeit am Bauhaus und habe die Leute dort nicht getroffen. Ich hielt den fotografischen Stil von Leuten wie Walter Peterhans und [László] Moholy-Nagy für zu intellektuell und abstrakt. Wenn mir etwas interessant erscheint, nehme ich es auf. Am Anfang meiner Fotolaufbahn habe ich Architektur fotografiert. Ich wollte früher Architekt werden. Über die Architektur kam ich zur Fotografie, nachdem ich als Architekt keine Arbeit fand. Wenn ich auf meiner Arbeitssuche zu Architekten kam, zeigten sie mir meistens Bilder ihrer Entwürfe. Der angesehenste Architekt von Stockholm – dort lebte ich damals – legte mir Bilder von Gebäuden vor, die mir sehr gefielen und fragte: „Wie finden Sie das?" Und ich antwortete: „Sehr interessant, aber Ihre Bilder sind schlecht." Er fragte mich, ob ich bessere machen könne, und ich bejahte. Er beauftragte mich, es zu tun. Er mochte meine Bilder und zeigte sie seinen Kollegen, von denen ich dann auch bald Aufträge erhielt. Aufgrund des Krieges von 1939 zwischen der Sowjetunion und Finnland verbot die schwedische Regierung aus Furcht vor Spionen Ausländern das Fotografieren. So ging meine Karriere in Schweden zu Ende. Aber ich fand mit New York einen faszinierenden Platz zum Fotografieren.

Zentral-Manhattan von Weehawken aus gesehen, New Jersey, 1942

Ich halte das für ein gutes Bild, weil es New York unverzerrt wiedergibt – eine Stadt, von der ich fasziniert bin. Es ist mit einem starken Teleobjektiv aufgenommen – 1.000 mm auf Format 10 x 13 –, das die wahren Proportionen von New York anhand der Kirche rechts im Vordergrund zeigt. Die Wolkenkratzer stehen viel weiter hinten, wirken aber trotzdem viel größer – und das sind sie ja tatsächlich auch. Das sind eben die wahren Proportionen. Aufnehmen kann man sie aber nur aus großer Entfernung mit einem starken Teleobjektiv. Je näher man herankommt, desto größer wird die Kirche im Verhältnis zu den Wolkenkratzern. Damit wird aus dem Bild ein gewöhnliches Postkartenmotiv von Manhattan. Ich suchte jenseits des Hudson River, bis ich in Weehawken, New Jersey, einen guten Blick auf diesen Teil der Uferpartie fand. Ein so starkes und langes Teleobjektiv ist sehr für Verwackelungen anfällig. Das Resultat ist ein unscharfes Bild. Ich habe daher ein Spezialstativ entworfen, auf dem das Objektiv vorne und hinten aufliegt. Es ist ein Fünfbeinstativ. Ich habe an ein konventionelles Dreibeinstativ noch zwei zusätzliche Stützen nach vorne und hinten montiert, um Kamera und Objektiv abzufangen. Von den fünf Stützen stehen aber immer nur drei auf dem Boden. Auf allen fünf Stützen würde man nie einen festen Stand erreichen. Ich konstruierte die Kamera aus zwei zur Scharfeinstellung verschiebbaren Hälften. Lichtdicht war sie durch eine Innenauskleidung mit Seidenstoff.

Jüdisches Geschäft, Stotting, 1940

In der Lower East Side hat es mir der hebräische Charakter der Geschäfte angetan. Sie sind grafisch interessant. Heute gibt es sie nicht mehr. Damals war es dort so schön. In den ebenfalls interessanten Nachbarbezirken zu fotografieren, wäre zu gefährlich. Man könnte mit seiner Kameraausrüstung zum Opfer eines Überfalles werden. Die Straßen dort sind sehr unsicher. Und auch die halbwegs sicheren sind sehr düster. Es gibt da keinen Unterschied zu Berlin oder Hong Kong. Grafisch ist das *Jüdische Geschäft, Stotting,* mit allen seinen Elementen fast perfekt. Und dann strahlt es auch noch einen sehr anrührenden weiblichen Anflug aus: die Frau hinter dem Fenster sitzt unter der Lampe und arbeitet und arbeitet und arbeitet. „Stotting" ist falsch buchstabiert, richtig muß es „stopfen" heißen; das kommt aus dem jiddischen und bedeutet das Reparieren, meist von Socken oder anderen billigen Dingen. Da sitzt sie nun und arbeitet sich durch ihr Leben und kommt nie irgendwo hin. Das ganze Motiv hat für mich auch etwas tragisches.

Ölfördertürme bei Long Beach, Kalifornien, 1948

Ich fotografierte die Ölfelder bei Long Beach. Als ich hinkam, lag da ein einziges, riesiges Fördergebiet. Die nächst gelegenen Fördertürme waren extrem hoch. Die weiter entfernten erschienen perspektivisch verkleinert. Auch hier setzte ich mein 1.000-mm-Objektiv ein. Es zog auch die weit entfernten Türme heran und formte aus dem Motiv einen von Menschen gemachten Wald.

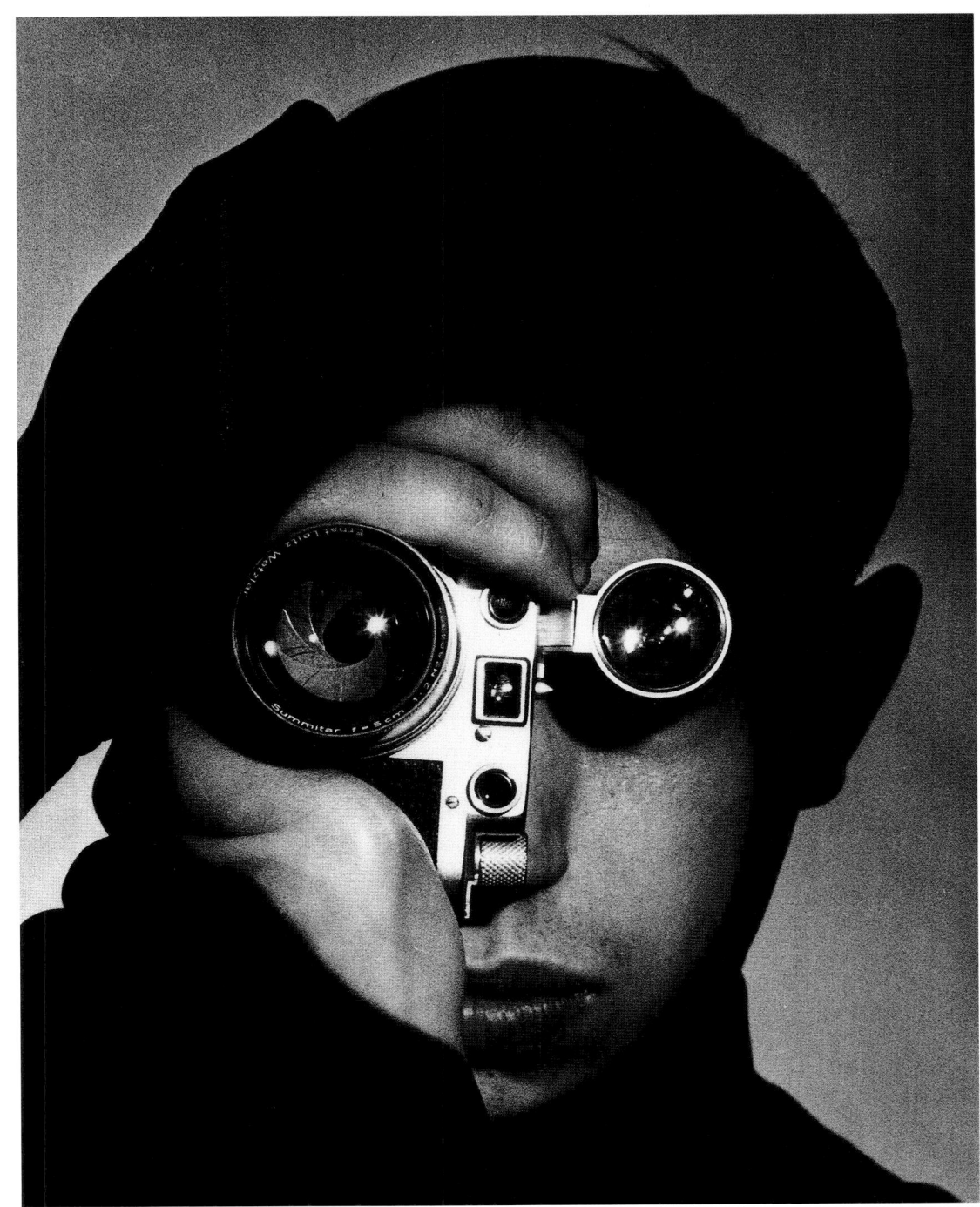

Der Fotojournalist, 1951

Ursprünglich war dies ein Auftragsbild. Dennis Stock hatte einen *LIFE*-Wettbewerb für junge Fotografen gewonnen. Er spielte mit seiner Leica herum, und als er sie für einen Moment an sein Auge führte, erkannte ich das Motiv. Ich richtete das Licht im Studio ein und nahm das Bild auf. Die Redaktion war der Auffassung, daß es eines der stärksten Bilder sei, die man jemals gesehen habe, daß es aber zu verstörend wirke. Daher nahmen sie es nicht. Seither ist es auf den Titelseiten von wenigstens zehn Magazinen erschienen.

ANDREAS FEININGER

Nachtstart eines U.S. Navy-Helicopters, 1949

Das war ein Rettungshubschrauber. Man hatte in die Rotorflügelspitzen kleine Lämp-
chen eingebaut, um ihn nachts besser sichtbar zu machen. Man dachte dabei zum
Beispiel an Seerettungen. Die Presse war zu einem Vorführungsflug eingeladen
worden. Ich war bei diesem Probeflug nicht dabei. Alle Bilder von vielleicht einem
Dutzend Fotojournalisten zeigten eine Art überbelichteten Weihnachtsbaum. Sie
sahen chaotisch aus. Der Hubschrauber war einfach ein paar mal aufgestiegen und
wieder gelandet. Eine Spirale war nicht erkennbar. Wilson Hicks, der Herausgeber
von *LIFE*, wollte von mir wissen, ob ich es besser könne. „Natürlich", antwortete ich.
„Dann mach's", sagte er. Also sprach ich mit den Leuten und mit dem Piloten. Offensichtlich bedurfte es einer Doppelbelichtung. Für das Muster der Rotoren im Himmel
brauchte man eine Langzeitbelichtung. Dagegen durfte der Hubschrauber auf dem
Boden nur kurz belichtet werden, damit er nicht überbelichtet erscheinen würde.
So hielten wir das Licht nur ganz kurz auf ihn, und dann tat der Pilot genau das,
was wir abgemacht hatten: Er stieg senkrecht ein kleines Stück auf, glitt dann ein
Stück schräg nach unten und flog anschließend geradewegs über mich hinweg.
Und den Mond bekam ich auch noch ins Bild. Er wiederholte den Flug dreimal,
da ich nicht wußte, ob alles geklappt hatte. Die unmittelbare Beobachtung in der
10 x 13er Kamera während der Aufnahme war nicht möglich. Beim zweiten Versuch
brannte eine der Rotorbirnen durch, und es entstand ein unregelmäßiges Muster.
Auch beim dritten Versuch brannte eine Birne nach der Hälfte des Fluges durch.
Glücklicherweise stellte sich bereits der erste Versuch als gelungen heraus.

Eve Arnold

Ich habe bei Alexey Brodovitch an der New School for Social Research in New York einen Sechs-Wochen-Kurs belegt. Das war alles, was ich an fotografischer Ausbildung jemals gemacht habe. Er war – besonders mir gegenüber – dafür verantwortlich, daß ich mich aus der sterilen Studio-Modefotografie mit Großformat-Kameras verabschiedete. Für meinen ersten Auftrag ging ich nach Harlem, um dort Modeschauen zu fotografieren. Ich fragte eine Frau namens Rose Morgan, was Harlem an Mode zu bieten hätte, und sie antwortete: „Miss Arnold, wir haben in Harlem 300 Modeschauen im Jahr – in Kirchen, in Bars, in Restaurants." Es war wirklich kaum zu fassen. Wir schrieben das Jahr 1950 .... es war der Protest gegen den von Weißen dominierten Modemarkt in New York. Als Brodovitch die Arbeiten sah, sagte er: „Lassen Sie die Finger von den üblichen Aufträgen; gehen Sie nach Harlem und machen Sie Ihre Story dort." Er bezeichnete seine Arbeit als dokumentarisch, weil er für die Dokumentation gebräuchliche Techniken einsetzte. Die Story wurde zu meiner ersten Presseveröffentlichung. Sie erschien in der *Picture Post* in England. Ihre Qualität war der Auslöser für mein Engagement bei Magnum Photos. Ich entschied mich bereits damals für eine leichtere Ausrüstung, um damit beweglicher zu werden und besser arbeiten zu können. Ich denke, damit läßt sich beim Fotografieren der Leute auch besseres herausholen. Man kann reisen und die Ausrüstung mitnehmen; man wird nicht zum Expeditionsleiter. Ich bin kein Technik-Fan. Es gibt Leute, die die Technik und die Ausrüstung lieben, und die über Objektive fachsimpeln. Das ist schön für alle, die so etwas schätzen. Ich möchte lieber herauskriegen, wen ich da gerade fotografiert habe. Ich möchte erfahren, was hinter der äußeren Schale des Menschen steckt ... daß ich ihn nicht belästigt habe ... daß das Licht mir nichts von einem guten Foto vorflunkert, nur weil ich das Motiv gut ausgeleuchtet habe. Ich möchte zum Kern von „Onkel Joe" vordringen. Das erreiche ich nur, wenn ich mich nicht selbst in den Vordergrund dränge. So komme ich viel weiter. Ich arbeite mit minimaler Technik – in der Regel mit drei Nikon-Gehäusen und drei Objektiven, meist 35, 50 und 105 mm. Kein Kunstlicht, kein Stativ, kein Motorantrieb. Für meine meisten Ausflüge kann ich alles in eine Tasche packen und selbst tragen. Dadurch habe ich auch erst relativ spät Wirbelsäulenprobleme bekommen.

Marlene Dietrich, Plattenaufnahmen, New York, 1952

Ich fotografierte Marlene Dietrich in New York, als sie gerade Songs auf Schallplatte
aufnahm, die sie im Zweiten Weltkrieg vor den Alliierten Truppen gesungen hatte.
Sie war die professionellste Person, der ich je begegnet bin. Sie war akkurat und
fleißig wie ein Straßenarbeiter, wenn der Boss mit der Peitsche neben ihm steht.
Sie war energisch, humorvoll und sehr klug. Sie kam in dieser Nacht mit Jean Gabin
und einem komischen kleinen Mann, den sie als einen Freund aus Hollywood vor-
stellte. Er war ihr Astrologe und er meinte dies sei die Nacht für ihre Aufnahmen.
Sie sang die Lieder, die sie berühmt gemacht hatten, „Lili Marlen", „Miss Otis Regrets"
und die ganze übrige Serie. Wir saßen in einem zugigen, schmutzigen und düsteren
Tonstudio, ich machte im diffusen Licht mit der Rolleicord meine Bilder, und sie
war sich nicht sicher, ob sie überhaupt von mir aufgenommen werden wollte. Sie war
glanzvolle Studios mit großem Beleuchtungsaufwand gewohnt. Sie fragte dann wohl:
„Das Hauptlicht ist o.k., aber was ist mit dem Aufhellen?" Leo Lerman, Redaktionsleiter Foto bei *VOGUE*, ein Kumpel von ihr und später auch mein Freund erzählte
mir, daß sie ihn um sechs Uhr morgens nach den Plattenaufnahmen angerufen und
erzählt habe: „Diese Arnold war die ganze Nacht über hier." Er fragte: „Warum hast
du sie denn gelassen?" Sie antwortete: „Sie strahlte so viel Autorität aus, daß es mir
gar nicht eingefallen wäre, sie wegzuschicken."

Roy Cohn und Joseph McCarthy, Komitee für antiamerikanische Umtriebe, Washington D.C., 1954

Als ich von meinem verspäteten Zug aus ankam, schickte man mich zur Überprüfung zur Sekretärin des Senators. Sie schickte mich in den Untersuchungsraum des Senats, wo McCarthy wegen einer freiberuflichen Journalisten seine Sitzung unterbrach. Seine Kohorten Cone und Schine waren gerade von einer Europareise zurückgekommen, in der sie von der dortigen Presse fertig gemacht worden waren – und er war um gute Publicity bemüht „Meine Liebe, für wen arbeiten Sie?" Ich antwortete: „Für *VOGUE, ESQUIRE, FORTUNE* ..." Er sagte: „Gut, das ist in Ordnung." Tatsächlich hatte ich vielleicht vor jeder dieser Zeitschriften einmal einen Auftrag, aber diesen hier hatte ich mir selbst erteilt. Ich war den ganzen Vormittag bis zum Mittagessen bei ihm. Anschließend gab er eine Pressekonferenz. Als ich nähertrat, um ihn aufzunehmen, legte er mir die Hand auf die Schulter und fragte: „Meine Liebe, bekommen Sie auch alles, was Sie brauchen?" Er war mir widerlich, und ich hob meine Hand, um die seine wegzuschieben. Glücklicherweise bewegte sich mein Gehirn schneller als meine Hand, und so endete das Ganze im gegenseitigen Händeschütteln. Ich sagte: „Entschuldigen Sie mich, Senator, ich habe zu arbeiten." Dreißig Reporter standen um mich herum und schauten mich an, als käme ich von einem anderen Stern. Beim Mittagessen sprach keiner von ihnen mit mir.

Marilyn memoriert eine schwierige Szene; Aufnahmen zu
„Nicht gesellschaftsfähig", 1960

Obwohl sie unentschlossen schien, wußte sie genau, wie sie einen Filmstar aus sich machen konnte. Und der wollte sie unbedingt werden. Sie hatte die nötige Intelligenz dafür. Sie schuf Marilyn. Sie schuf diese Rolle. Sie selbst tat es, nicht der Film. Einen Fotoapparat konnte sie stärker beeinflussen als eine Filmkamera. Wir besprachen, was wir tun wollten, und dann legten wir los. Wir lachten viel. Es war toll. Ich meine, wenn sie je einem Reporter vertraute, dann mir. Marilyn und ich begannen ihre Karrieren gerade als junge Frauen. Keine wußte, was die andere erreichen konnte, und das verband uns. Außerdem hatte sie von mir nichts zu befürchten. Männliche Fotografen prahlen immer herum, daß sie mit ihren Interview-Partnerinnen im Bett waren. Ich machte sechs Sitzungen mit ihr. Die kürzeste dauerte zwei Stunden im Rahmen einer Presseveranstaltung, die längste zwei Monate bei den Dreharbeiten zu „Nicht gesellschaftsfähig". Sie litt unter Schlaflosigkeit und nahm Schlaftabletten. In den zehn Jahren, in denen ich sie fotografierte, machte sie enorme Veränderungen durch. Ihr Aufstieg von der Anfängerin zum Weltstar hatte seinen Tribut gefordert. Sie schuf „Marilyn Monroe", aber sie hatte es schwer dabei. Meiner Meinung nach fühlte sie sich in ihrer Rolle als Filmstar wohl. Wenn aber die Wirklichkeit diese Rolle verdrängte, wurde es hart für sie. Letztlich hat diese Kluft wohl zu ihrem Tod beigetragen.

Malcolm X sammelt für die Black Muslims, Washington, D.C., 1960

Die Rassentrennung war eine höchst explosive Angelegenheit. Ich las das Buch *Black Muslim in America,* und es öffnete mir die Augen. Ich schlug *LIFE* eine Story darüber vor, und sie schienen sehr einverstanden damit. Ich kam mit einer guten Empfehlung des farbigen Reporters und Schriftstellers Louis Lomax. Malcolm wollte gerade in die Öffentlichkeit gehen und war an der Story interessiert. Er lud mich zum Abendessen in ein Restaurant in der 125. Straße ein. Wir sprachen miteinander, und er war wohl mit mir zufrieden, denn ich erhielt eine Einladung nach Chicago. Die Black Muslims wollten weg von den Weißen und eröffneten eigene Geschäfte und Fabriken, machten ihre eigene Bekleidung und gründeten Schulen und Universitäten. All dies ging von Chicago aus. Die Story war ebenso heiß wie gefährlich. Nachdem Malcolm sich beim Abendessen für mich entschieden hatte, ging ich zu einem Treffen afrikanischer Nationalisten; dort schrie mich eine Frau als „Weiße Hure" an. Es war im Frühsommer, und ich trug einen Wollpullover. Als ich durch die Menge ging, steckte man mir brennende Zigaretten in den Rücken. Wolle versengt, aber sie brennt nicht, so fing ich nicht Feuer. Als ich in die Dunkelkammer von *LIFE* zurückkam, um meine Filme abzugeben, zog ich meinen Pullover aus und sah, daß er mit Löchern übersät war. So lief diese Geschichte. Bei meiner Arbeit in Chicago erhielt ich täglich um acht Uhr morgens einen Anruf: „Hau bloß aus der Stadt ab, bevor es zu spät ist." Wahrscheinlich kam er von den Black Muslims, vielleicht von der Gruppe, die Malcolm später ermordete. Ich weiß es nicht. Ich war drauf und dran, in der Redaktion anzurufen und meine Probleme zu schildern. Aber dann würden sie mir vielleicht die Story wegnehmen, und ich ließ es bleiben.

Rentner als Arbeiter, Gwelin, China, 1979

Ich habe insgesamt gut 60.000 Kilometer in China zurückgelegt. Die Chinesen gaben mir im Peking Hotel ein kleines Zimmer, in dem ich meine Sachen aufbewahren konnte. Ich kaufte für jede Reise 300 Kodachrome-Filme, genug für drei Monate. Man behauptet immer, Schwarzweiß sei Kunst und Farbe Kommerz. Ein wirklich guter Fotograf kommt mit beidem zurecht. Er kann Farbe genauso zum Klingen bringen wie Schwarzweiß. Mir ist der Inhalt wichtiger als die Farbe. Es stimmt schon, daß Schwarzweiß abstrahierend wirkt, daß du dich damit befassen und deine Imagination mit einbringen mußt. Alles wunderbar. Aber wenn du die Farbe mehr monochromatisch einsetzt – warum sollte sie dann nicht ebenfalls wunderbar aussehen?

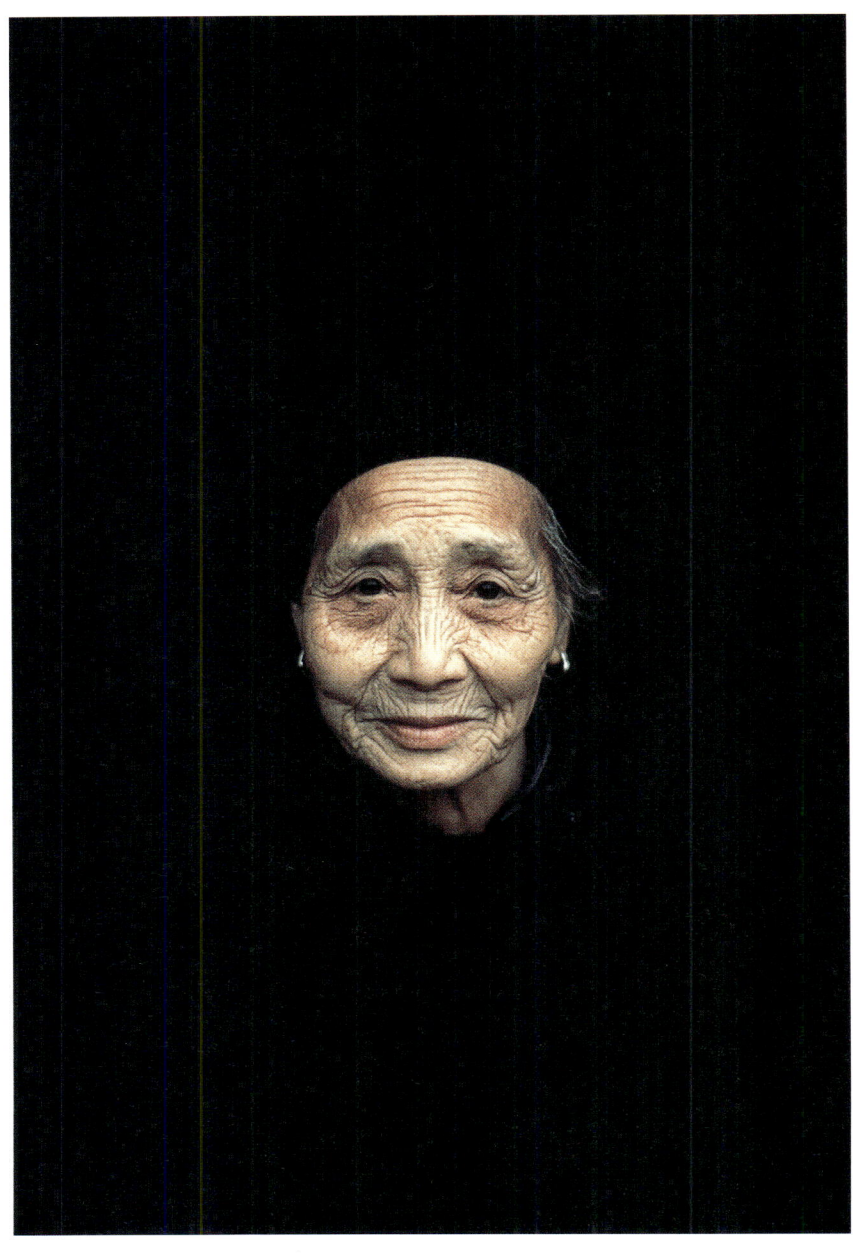

Marc Riboud

Wenn Fotografie ein Beruf ist, ist es heuzutage ein harter. Für mich ist es eine Leidenschaft, die zur Obsession werden kann. Manchmal träume ich, ein Vorgänger von Eric Salomon sein zu können und mit einer kleinen Kamera hinter einem Vorhang den sich selbst krönenden Bonaparte fotografieren zu können – oder ihn während einer seiner Schlachten abzulichten.

Zu ihrer Zeit mußten Daguerre und Nadar hohe handwerkliche Fähigkeiten in die Bilder investieren, die wir heute so bewundern. Heute ist eine Kamera etwas ganz einfaches. Nach zwei Minuten weiß jeder, wie sie mechanisch funktioniert. Das Resultat: Millionen von Fotografen schießen Millionen von Bildern – sehr zur Freude der Aktionäre. Die Konsequenz: Fotografen versuchen verzweifelt, sich vom Heer der Hobbyfotografen abzuheben, die ihr Terrain bedrohen. Sie nennen sich „Künstler". Sie fordern, die Fotografie solle die Straßen den Fotobarbaren überlassen, während sie selbst sich den hehren Idealen ihrer Kunst widmen sollten. Tut mir leid, aber das ist ein Zerrbild. Ich liebe Zerrbilder! Ich liebe auch Barbaren – viele von ihnen – genauso wie intellektuelle Künstler – einige wenigstens.

Die Fotografie ist für mich kein intellektueller Prozeß, sondern ein visueller. Walker Evans Definition des Fotografen ist auch die meine: „Er ist ein fröhlich Fühlender aus dem einfachen Grund, daß das Auge nach Gefühl und nicht nach Plan wandert." Wir leben in einer Welt von Gedanken, Kommentaren und Konzepten aller Arten. Wir vergessen, daß unsere Fotografensprache für das Auge und dessen Vergnügen da sein muß. Unser Geschäft gründet sich auf Gefühle. Das Auge denkt nicht, es sieht.

Wenn wir beim Fotografieren zu viel denken, verpassen wir den richtigen Augenblick. Ein gutes Bild ist eine Überraschung. Eine Überraschung können wir nicht planen. Wir müssen auf sie vorbereitet sein. Der französische Dichter René Char rät uns: „Wie ein Stratege vorauszusehen und wie ein Primitiver zu handeln." Wir sollten stolz darauf sein, wie Primitive zu handeln. Professionell kann jeder sein. Ein Primitiver zu werden ist schwieriger.

Sehen kann man auf vielerlei Weise. Ich tue es auf die meine. Ein schönes Gesicht oder eine Landschaft im Nebel fotografieren – das ist für mich wie Musik hören. Ich lebe damit. Habe ich nach vierzig Jahren meine Sehweise geändert? Ich glaube nicht. So etwas ändert sich nicht. Ich mache in der gleichen Art andere Sachen. Wenn man mich fragt, welches meine besten Bilder seien, antworte ich: „Die von Morgen." Und wieder werde ich versuchen, meine Sehweise zu ändern. Wo die Sucht nach Leben nachläßt, werden auch die Fotos blasser.

Paris, 1953

Als ich sieben Jahre alt war, fuhr ich auf dem Rad an einem Pärchen mit einem Motorrad vorbei, das sich gerade umarmte und küßte. Sie hielten mich an und fragten: „Machst du bitte ein Bild von uns mit unserer Kamera?" Ich hatte noch nie zuvor eine Kamera in der Hand gehabt. Ich nahm sie, knipste und fuhr weiter. Ich habe mein erstes Bild nie gesehen. Es ist schon komisch: wenn du in Paris unter Touristen bist, wollen sie immer, daß du sie vor irgendeinem Monument aufnimmst. Sie sehen mich mit der Kamera und geben mir ihre und versuchen mir zu erklären, wie sie funktioniert. Meist brauche ich das gar nicht zu wissen, weil es Automatik- kameras sind. Und dann erklärt man mir noch den besten Blickwinkel, und ich gehorche und gebe mein Bestes …

Peking, 1965

Ich habe die ganze Welt bereist und sehe mich dennoch nicht als Globetrotter.
Bisweilen halte ich mich für einen schlechten Reisenden. Ich reise langsam. Ich bin
eher ein Wanderer. Als ich 1954 nach Indien kam, brauchte ich sechs Monate bis
nach Kalkutta, und ich blieb ein Jahr lang dort. Meine Aufenthalte in China ergeben
zusammen ebenfalls ein Jahr. Wenn ich erst mal angekommen bin, reise ich ungern
wieder ab. In Shanghai oder Saigon kann ich mich genauso daheim fühlen wie in
meiner Geburtsstadt Lyon.

Ich werde oft gefragt, wie häufig ich in China bin. Ja, da bin ich oft. Nein,
ich spreche kein Wort chinesisch. Ja, ich fotografiere gern das intensive, sich rasch
wandelnde Leben. Ja, es ist schwer, unseresgleichen und unsere Städte zu fotografieren.
Nein, ich bin nicht nur an Exotischem interessiert. Aber ich mag Menschen, die zu
ihrer eigenen Kultur stehen.

Heute geht der Trend dahin, daß man Bergmann sein sollte, wenn man Berg-
leute fotografieren will; ein Moslem, wenn man Araber fotografieren möchte; ein
Lama, wenn man in Tibet einreisen will. Das ist nichts für mich. Laßt uns das bleiben,
was wir sind. Machen wir uns nichts vor: Der Bauer uns gegenüber müßte für unsere
Leica wahrscheinlich zehn Jahre lang den Rücken krumm machen.

Pakistan, 1956

Für mich ist der wichtigste Ausrüstungsgegenstand ein gutes Paar Schuhe. Es ist besser, näher an das Motiv heranzugehen, als mit anderen Brennweiten zu arbeiten. Leicht sollte die Kamera auch sein, und nicht zu kompliziert. Ich habe zwei Kameras, eine Leica M6 und eine R6. Ich verwende Objektive mit 35 mm und 50 mm Brennweite, und manchmal ein Zoom. Meine Filme sind der TRI-X und der TMAX 3200. Schwarzweiß ziehe ich vor. Er vereinfacht die Sache, und danach streben wir doch, oder? Automatik lehne ich ab, da sie sich nach dem Mittelmaß orientiert und damit in die Mittelmäßigkeit führt. Aber ich habe sogar Spaß an Aufnahmen mit Wegwerf-kameras, besonders an Unterwasser- und Panoramakameras. Das ist eine gute Möglichkeit, das Auge zu schulen.

Washington, D.C., 1967

Ich bin sensibel für die Schönheit der Welt und der Menschen. Gewalt und Monstro-
sitäten gehe ich möglichst aus dem Weg. Wie schön, wenn mein Sucher Reime und
Rhythmen findet. Auf meinen Kontaktabzügen entdecke ich, wie viele Themen ich
mir zu eigen gemacht habe. Ich bedauere das nicht. Es wäre traurig, wollte man nicht
vieles im Leben ändern. Zuallererst das eigene Leben. Nach so vielen Desillusionen
ist nur noch eines wichtig: das grenzüberschreitende Streben nach Kultur.

Iran, 1979

Was wir wirklich suchen, finden wir nur im wirklichen Leben. Ich erinnere mich an die Schilder in der Bahn: „Nicht hinauslehnen." Ein Freund von mir schraubte sich so ein Schild ab und hängte es sich über sein Bett. Ich war immer eher für das gegenteilige Motto: „Hinauslehnen erwünscht." Es ist die Besessenheit eines Fotografen, das intensive Leben, das mich vorantreibt. Es ist Manie, ein Virus, so stark wie die Reflexion der Unabhängigkeit.

Edouard Boubat

Ich begann meine Arbeit als Fotograf
1946, bald nach dem Kriegsende. Wirklich gelernt habe ich das Fotografieren
nie. Ich hatte eine Kamera. Ich machte
eine Ausbildung zum Buchbinder in
Estienne. Es war eine Grafikschule. Ich
habe das Glück, von meinem Hobby, der
Fotografie, leben zu können. Gerade
weil ich den Krieg und seine Schrecken
kenne, möchte ich zu diesem Thema
nichts bringen. Man sieht ohnehin zu
viel davon. Man sitzt vor dem Fernseher
und wird tagtäglich mit dem Tod kon-
frontiert. Nach dem Krieg wollten wir
leben, und für mich war die Fotografie
das Mittel dazu. Licht hat mich schon
immer fasziniert. Der Art Director
Bertie Gilou sah eine kleine Ausstellung
meiner Bilder in der Buchhaltung La
Hune in Paris – damals einer der wenigen
Orte, wo Fotoausstellungen stattfanden.
Es war eine Gemeinschaftsausstellung
mit Arbeiten auch von Brassaï, Doisneau
und Izis. Der Direktor von *Réalités* sagte:
„Ihre Bilder gefallen mir. Schauen sie
mal bei mir vorbei." Als ich mit der
Fotografie anfing, hatte jeder die Dunkelkammer in der Küche, im Bad – oder wo
immer es fließendes Wasser und genug
Platz gab. Wir hielten uns damals noch
nicht für „Berufsfotografen". Ich bin
weder Professioneller noch Amateur,
eher eine Mischung aus beiden. Henri
Cartier-Bresson entwickelte seine Filme
in seiner Duschkabine. Als ich dann
aber für *Réalités* anfing, übernahm die
Zeitschrift das Vergrößern, so daß ich
mich ganz auf das Fotografieren kon-
zentrieren konnte. Man wies mich an,
„Edouard, du mußt zu einem sehr guten
Labor in der Rue de la Comète gehen."

Dort traf ich auf meinen Freund Pierre
Gassmann. Für uns beide war *Réalités*
wunderbar. Es war eine Beziehung wie
zwischen Dirigent und Orchester. Pierre
und ich arbeiteten ganz ähnlich. Pierre
sagte immer: „Es gibt keine schlechten
Negative. Es gibt nur schlechte Vergrößerungen." Von den sechziger Jahren
an bevorzugten die Magazine die Farbfotografie, so daß ich besonders meine
späteren Aufträge für *Réalités* in Farbe
zu machen hatte. Aber ich selbst habe
immer die Subtilität des Schwarzweiß-
Bildes vorgezogen.

Erster Schnee, Jardin du Luxembourg, Paris, 1955

Der erste Schnee eines Winters hat immer etwas magisches an sich. Der Bildaufbau ist auch gelungen. Man findet das gleiche Motiv nie zweimal – immer nur einmal. Das ist die Fotografie: Einmal und nie wieder. Beim Malen kann man korrigieren, beim Fotografieren nicht. Fotografen sind glückliche Menschen. Ich habe Maler unter meinen Freunden, aber die sind auf ihre Ateliers fixiert. Ich liebe die Musik und die Malerei, aber ich kann erst mit der Fotografie ganz aus mir herausgehen. Ich bleibe hier, aber mein Studio ist die Welt. Ich muß draußen sein, ich kann nicht den ganzen Tag lang drinnen sitzen. Die Fotografie ist eine Kombination aus Sorgfalt und Harmonie von Zeit, Licht und Schatten. Die Welt ist unser Atelier. Ich überlasse das Licht ganz sich selbst. Die Fotografie ist mein Leben. Ich arbeite für die Fotografie und sie für mich. Mein Leben ist nichts besonderes. Es ist wie bei allen Künstlern. Die Fotografie beherrscht mich, aber ich beherrsche auch die Fotografie.

Sonnenblumen, 1987

Achtzig Kilometer südlich von Paris in der Ile de France stieß ich auf dieses schöne
Feld mit Sonnenblumen. Ich war auf einem Spaziergang. Die Sonnenblumen sahen
aus, als lebten sie und würden sich umschauen. Ich hatte keine besonderen Pläne
mit dem Motiv, ich fand es einfach schön. Manchmal will man etwas über ein Bild
erzählen, aber es gibt nicht viel dazu zu sagen. Man muß nur gehen, geduldig sein
und aufnehmen können. Das Bild spricht für sich selbst. Manchmal stimmt der
Spruch, daß ein Bild mehr sagt als tausend Worte.

Paris, 1952

Jedes Bild hat seine Geschichte. Ich mag dieses Bild mit den zwei kleinen Mädchen. Sie begegneten mir zufällig. Zwanzig Jahre nach dieser Aufnahme traf ich eine Frau, die mir erzählte: „Monsieur Boubat, Sie haben einmal ein Bild vor meinem Geschäft aufgenommen." Sie berichtete, daß eines der Mädchen die Tochter des früheren Eigentümers des Ladens war, und daß sie wegen ihrer Schönheit zur Miss Frankreich gewählt worden sei. Später jedoch sei sie als Obdachlose auf der Straße gelandet. Eine traurige Geschichte, aber so ist das Leben. Ich weiß nicht einmal, ob es das linke oder das rechte Mädchen war. Alle Bilder haben eine Fortsetzung … die Fotografierten werden älter. Man hält den Augenblick fest, aber das Leben geht weiter, und keiner weiß, was noch alles passiert. Oft kommen Leute in meine Ausstellungen und sagen: „Das war ich vor zwanzig Jahren" oder „Das sind meine Eltern". Vielleicht stimmt es nicht einmal, vielleicht leben sie nur in ihrer Traumwelt oder in ihrer Fantasie … „Oh, da ist meine Mutter, ich erkenne ihr Kleid." Und plötzlich lebt das

Bild wieder weiter. Eine hübsche Geschichte. Und die Leute sind glücklich. „Da bin ich. Schau nur, wie schön ich war." Ich habe ein Porträt des Schriftstellers Jean Genet gemacht. Als er es Jahre später sah, sagte er: „Sieh nur, wie gut ich ausgesehen habe." Sicher, er war ja noch so jung. Aber die Zeit verrinnt. Nur dieser Augenblick ist geblieben. Jetzt ist er tot. Aber wenn du das Foto anschaust, lebt er wieder. Das ist die Magie des Bildes. Was du siehst, glaubst du. Aber greifbar ist nur die Gegenwart. Lesen Sie Shakespeares Macbeth: „Das Leben ist nur ein taumelnder Schatten, wie ein kleiner Schauspieler, der eine Stunde lang voller Unruhe auf der Bühne herumstolziert …" Der kleine Schauspieler, das bin ich, das bist du. Wir sind nur taumelnde Schatten.

Saint-Germain-des-Prés, Paris, 1953

In Frankreich darf man bis heute seinen Hund mit ins Café nehmen. Ich sah die
zwei, als ich an der Terrasse vorbeiging. Ich fühlte mich wie ein Dieb. Dieses Foto ist
wie alle meine Bilder ein Bild der Begegnung, des *coup de foudre,* der Liebe auf den
ersten Blick. Der Hund sitzt wie ein Freund mit am Tisch. So war es – nichts ist
gestellt. Solche Bilder stelle ich nie Ich habe nichts verändert, der Zufall half mir.

Filmfest in Algier, 1969

Ich habe im Auftrag von Réalités ein großes Afrikafestival fotografiert. Aus ganz
Afrika strömten die Leute zu diesem Filmfestival. Die Aufnahme wurde während
einer Aufführung im Freien gemacht. Die Ausleuchtung erhält ihren besonderen
Reiz dadurch, daß die Besucher vom Widerschein der Leinwand beleuchtet werden.
Die vielen Gesichter faszinieren mich. Eine der Frauen trägt eine Maske. Ich denke
nicht groß über meine Aufnahmen nach. Ich mache einfach Bilder. So war das Motiv
eben. Man braucht nicht lange darüber nachzudenken. Seinen Verstand braucht
man vorher oder nachher, aber nicht während der Aufnahme. Es ist wie beim Bogen-
schießen: In dem Moment, in dem der Pfeil von der Sehne schnellt, braucht man
seinen Verstand nicht mehr. Beim Fotografieren gibt es so viel zu bedenken und
anschließend zu tun: Ist es für eine Zeitschrift, ein Buch oder eine Ausstellung? –
Aber der beste Moment ist für mich der, in dem ich auf den Auslöser drücke. Es ist
ähnlich wie beim Blumen pflücken oder Malen. Es ist eine Frage der Energie. Beim
Reisen laufen dir manchmal die Motive wie ein Geschenk über den Weg. Planen
oder voraussehen kann man sie nicht. Aber man muß offen genug sein, um solche
Geschenke zu erkennen ... man muß seine Ausrüstung und seinen Verstand in Be-
reitschaft halten. Vor einer Landschafts- oder Porträtaufnahme wird man für einen
Augenblick eins mit seinem Motiv. Ich nehme mich dann zurück, um das Bild nicht
zu beeinflussen. Tue ich das nicht, wird es nur Boubat zeigen. Irgend jemand hat
mal zu mir gesagt, daß es nicht auf das Schauen, sondern auf das Sehen ankommt.

Elliott Erwitt

Ich nehme oft meine Kamera mit, besonders, wenn ich nichts zu tun habe. Die
meisten der Bilder in meinen Büchern
sind keine Auftragsarbeiten oder gewerb-
lichen Aufnahmen. Meistens verwende
ich meine Leica mit dem Normalobjek-
tiv. Viele meiner Kollegen, die nicht nur
Aufträge abwickeln, sondern sich für das
interessieren, was sie sehen – und da liegt
der Unterschied – haben die Kamera
oft bei sich. So entstehen Bilder. Ohne
Kamera gibt es keine Bilder. Cartier-
Bresson und Gjon Mili gehören zu
meinen Lieblingsfotografen. Ich weiß
nicht warum, aber Mili scheint den Weg
in das Pantheon der Fotografie nicht
gefunden zu haben. Ich halte ihn für
einen der größten Fotografen aller Zeiten
und für eine der großen Persönlichkeiten
in der Fotografie. Er entwickelte mit
Harold Edgerton eine der wichtigsten
Erfindungen der Fotografie – das Blitzlicht – war aber keineswegs nur ein
Techniker, sondern ein begnadeter Fotograf, der für die Fotografie von größter
Bedeutung ist. Sebastião Salgado und
viele andere meiner Kollegen haben
wunderbare Arbeiten vorgelegt. Aber wir
scheinen völlig abgehoben zu sein. Wir
machen Bilder von Berühmtheiten in
unsinnigen Posen. Ganz lustig, ich mag
das, aber es ist ein Szenario, und wenn
du es auf drei oder vier Bildern gesehen
hast, reicht es. Es gibt nichts mehr zu
entdecken außer viel durchschaubarer
Cleverness; das ist in Ordnung und gut
für die Magazine, und die bringen es
auch. Aber die subtileren und interessanten Themen wird man dort kaum finden.
Ich fände es gut, wenn sich mehr Fotografen der weniger glamourösen Themen

annehmen würden und diese interessant
darstellen würden. Keine Stilleben oder
Blumenarrangements, sondern Themen
über den Menschen. Keine marktschreie-
rischen Themen. Das Leben besteht
nicht nur aus Glanz oder Elend, sondern
auch aus allem was dazwischen liegt.

Pittsburgh, 1950

Es gibt ein Bild, auf das ich immer wieder zurückkomme, und das eine Menge mit meiner Sicht der Dinge zu tun hat: es zeigt einen kleinen schwarzen Jungen, auf dessen Kopf eine Pistole gerichtet ist. Dieses Bild spiegelt auch den Fotografen als seinen Urheber wider. Es ist zugleich tragisch und lustig. Wer hinter das bloße Bild schaut, wird etwas erkennen.

Las Vegas, Nevada, 1954

Ich denke, ein Lottogewinn ist ein Riesending ... leider hatte ich nie das Glück. Aber ich habe mit einem Foto für *LIFE* einen Preis in einem Fotowettbewerb gewonnen, als ich in Europa meinen Militärdienst leistete. Das tat mir gut, denn so bekam ich Geld, das ich vorher nicht hatte und konnte mir ein Auto kaufen. Außerdem behandelte man mich ein wenig respektvoller als zuvor den einfachen Wehrpflichtigen. Auch glaubte ich, daß mir dieser Preis noch nützlich sein würde, wenn ich nach dem Militärdienst zu *LIFE* gehen und dort sagen würde: „Hallo Leute, da bin ich!" Daraus wurde dann nichts. Aber ich hatte das Glück, Leute zu treffen, die mir weiterhalfen. Edward Steichen, Robert Capa, Roy Stryker – alle ermutigten sie mich. Einige von ihnen gaben mir Aufträge und sorgten dafür, daß ich auch an meiner Arbeit dranblieb. Ich muß dazu sagen, daß man damals die Negative von seinen Aufträgen nicht behalten durfte. Das änderte sich erst nach dem hartnäckigen Einsatz von Magnum Photos, Robert Capa und von mir selbst. Man arbeitete gegen uns. Wir streikten und kämpften mit Klauen und Zähnen um unsere Rechte. Denn bis dahin hätten wir genauso gut Klempner sein können: Du machtest deine Arbeit, und sie gehörte nicht dir, sondern irgend jemand anderem.

Muscle Beach, Venice, Kalifornien, 1955

Ich gehe so oft wie möglich zum Strand. Vielleicht ist die Erinnerung an meine
Kindheit daran schuld: damals war ich jeden Sommer einen Monat lang am Meer.
Außer Sonnenbaden gibt es dort nicht viel zu tun, und so mache ich halt ein paar
Schnappschüsse. Viele Aufnahmen meines Buches *On Beach* sind in East Hampton
und Amagansett entstanden, Plätzen in der Nähe meines Strandhauses. Saint Louis
mag für den Badegast weniger geeignet sein, aber in New York gibt es ringsherum
Strände. Meiner Meinung nach sollte man sich davor hüten, an der Westküste zu
leben. Südkalifornien mag ein guter Platz für Orangen sein, ist es aber nicht für
Menschen. Wir zogen 1941 dorthin, und ich tat alles, um wieder wegzukommen.
Ich ging in die Hollywood High School und in das dortige City College, war also von
1941 bis 1945/6 dort festgenagelt. Südkalifornien ist nicht mein Bier. Drei Tage halte
ich es heute in Los Angeles oder Hollywood noch aus, aber ab dem vierten Tag wird
es mir zu viel. Ich ging weg, als ich siebzehn war, besuchte dann dort allerdings
regelmäßig meine Mutter, bis sie endlich nach San Francisco zog, einem Platz, an
dem man es eher aushalten kann.

South Carolina, 1962

Hunde mag ich, es gibt sie überall. Katzen sind weniger mein Fall, aber ich habe nichts gegen sie. Sie sind nicht so interessante Motive wie Hunde, und sie sind kleiner, was vom Standpunkt des Fotografen aus nicht ganz unwichtig ist. Kakerlaken würde ich nicht so gerne fotografieren, obwohl sie intelligente Tiere sein sollen. Hunde haben Stimmungen. Sie ähneln in diesem Punkt sehr stark dem Menschen und nehmen oftmals Eigenschaften ihrer Besitzer an. Ist sein Besitzer humorvoll, kann sich das auf seinen Hund übertragen. Bei einem Schäferhund oder einem Rottweiler mag das nicht so ausgeprägt sein – die sind anders angelegt. Am Anfang gleichen sich Herr und Hund noch nicht. Das entwickelt sich erst. Gewohnheiten und Charaktereigenschaften gleichen sich um so mehr an, je enger sie zusammenleben. Und schon von Anfang an wird man kaum sieben Pit Bulls in einem Appartement in der Park Avenue oder einen Yorkshire Terrier auf der Pick-Up-Ladefläche eines Farmers aus den Südstaaten finden.

Bratsk, Sibirien, 1967

Ich arbeitete an einer Story für ein Fotomagazin über den Staudamm des E-Werks von Bratsk, dem damals größten der Welt. Wenn man an so einem Platz ist, schaut man sich um, und so geriet ich in diese Hochzeitsgesellschaft. Sie können alles mögliche in dieses Bild hinein interpretieren. Bilder zu erklären ist genauso unmöglich, wie Witze zu erklären; oder, wie einer meiner Freunde sagt: „Es ist wie die Vivisektion eines Frosches: bist du fertig, ist er tot." Wenn das Bild dich anspricht, ist es gut. Wenn nicht – auch gut. Ein Bild ist mehr als ein Bild. Es sagt etwas aus, es hat seinen Stil und so weiter. Wenn es dir etwas bringt, ist das schön, und wenn du etwas daraus lernst, ist es sogar noch besser.

Mary Ellen Mark

Ich glaube, unser ganzes Leben, alle Erfahrungen, die wir gemacht haben, formen uns und machen uns zu dem, was wir als Erwachsene darstellen. Diese Erfahrungen fließen auch in die Arbeit ein, egal ob bei einem Musiker, einem Fotografen, einem Maler oder irgend jemand anderem. Als Kind besuchte ich im Rahmen des Unterrichts einmal eine Nervenklinik. Ich war überwältigt. Mein Vater ging in solchen Anstalten ein und aus. Von daher muß auch mein Interesse an solchen Anstalten rühren. Ich interessiere mich für Menschen, denen nicht alles im Leben gelingt oder die am Rande stehen. Sie machen mich nicht traurig. Ihr Leben ist sicherlich nicht gerade wunderbar, aber sie entwickeln so erstaunliche Fähigkeiten. Ich fotografiere sie nicht aus Mitleid. Ich nehme sie auf, weil sie Gefühle und Menschlichkeit in einer Art entwickeln, die mich fasziniert. Natürlich bedeutet dies nicht, daß ich nicht auch gerne Leute fotografiere, deren Leben in geregelten Bahnen verläuft. Wichtig ist für mich immer nur, daß ich versuche, ehrlich an meine Themen heranzugehen. Mit der Fotografie sieht man die Welt auf seine ganz spezielle, persönliche Art und Weise. Vielleicht bin ich selbstsüchtig, aber ich mag Arbeiten, bei denen ich das Gefühl habe, den Menschen näher zu kommen, und bei denen ich nicht nur für irgendwen die PR-Agentin spielen muß. Ich erinnere mich daran, wie ich zum ersten mal mit der Kamera auf die Straße ging, um zu fotografieren – nicht um Freunde aufzunehmen, sondern um wirklich zu fotografieren – und es machte mir einen Riesenspaß.

Es ist wunderbar, hinauszugehen und etwas zu fotografieren, was einen beeindruckt. Meinen ersten großen Durchbruch hatte ich bei *LOOK*. Sie gaben mir den Auftrag, Federico Fellini zu fotografieren, und anschließend sollte ich eine Serie über Heroinsüchtige machen. Nach diesen beiden Arbeiten hatte ich einen Namen und bekam auch von anderen Magazinen – unter ihnen *LIFE* – neue Aufträge. Ich schätze die Fotoillustrierten als Grundgerüst für meine Arbeiten sehr. Es ist für mich wie eine besondere Gunst, wenn ich Aufträge erhalte, mit denen ich mich identifizieren kann. Lange dauernde Aufträge vermeide ich nach Möglichkeit, es sei denn, das Thema ist für mich von besonderem Interesse. Ich gehe mit vollem Einsatz an jeden Auftrag heran. Er soll gut ausgeführt werden. Er ist ein Teil meines Arbeitslebens. Meine Arbeiten sollen einen wirklichen Wert haben. Manchmal ist es schwer, an die Schattenseiten des Lebens heranzugehen. Das kostet seinen Preis. Aber wenigstens habe ich dann das Gefühl, mit meinen Bildern nicht nur an der Oberfläche gekratzt zu haben. Und das ist wichtig.

Marlon Brando während der Aufnahmen zu
Apocalypse Now, *Philippinen,* 1977

Ich habe viel in der Filmszene gearbeitet. Von dort erhielt ich in den sechziger
Jahren meine ersten Aufträge. Ich durfte Werbefotos von Filmen wie *Carnal Knowledge, Apocalypse Now, The Day of the Locust* und *Einer flog über das Kuckucksnest* machen.
Aber in den 80er Jahren änderte sich das. Alles ging total nach Plan. Die Werbeaufnahmen wurden in speziellen Studios gemacht. Das Ganze wurde kommerzieller
und unpersönlicher. Meine Bilder von den Stars aus den späten sechziger und den
frühen siebziger Jahren waren noch wirklich auf persönlicher Basis entstanden. Ich
sprach mit diesen Berühmtheiten wie mit ganz normalen Leuten und konnte so
versuchen Bilder von ihnen zu machen, die auch etwas persönliches ausdrückten …
die nicht an der Oberfläche blieben. Um gute Porträts machen zu können, braucht
man eine intimere Atmosphäre. Heute haben alle Angst um ihr Image. Natürlich
werde ich niemanden schlecht machen, indem ich ihn unvorteilhaft fotografiere –
damit habe ich nichts im Sinn. Aber ich möchte, daß meine Bilder auch in den
Menschen hineinsehen und daß sie nicht nur alle Regeln der technischen Künste
und des Stylings beherrschen.

„Rat" und Mike mit Pistole, Seattle, Washington, 1983

1983 erhielt ich von *LIFE* den Auftrag für die Bilder zu einer Story über Straßen-
kinder in Seattle. Nachdem ich ihn ausgeführt hatte, kam mir der Gedanke, daß
dies auch ein hervorragender Stoff für ein Drehbuch sein könnte und ich sprach
meinen Mann, den Filmemacher Martin Bell, darauf an. Er ist es gewöhnt, daß ich
ihn dauernd mit neuen Filmideen überschütte und glaubte mir nicht, bis er ein Foto
von einem Jungen sah, der mit Rollerskates den Flur eines verlassenen Gebäudes
entlangfuhr. Das war auch für ihn ein gutes Filmmotiv. Wir sammelten Geld für den
Film *Streetwise*. Jeder gab etwas dazu; Cheryl McCall, der den Text für die Story in
LIFE geschrieben hatte, erhielt einen Betrag von Willie Nelson. Wir haben heute
noch Kontakt zu einigen der damaligen Kinder. Tiny ist immer noch nicht von der
Drogenszene weggekommen. Rat ruft ab und zu an; er sitzt immer mal wieder wegen
kleinerer Delikte im Gefängnis. Bei Mike scheint es sich zum Guten zu wenden.
Dewayne ist gestorben. Lulu wurde in einem Straßenkampf getötet. Einer ist Body-
guard geworden. Sie erzählen dir, daß sie es geschafft haben ... aber darüber kann
man nie sicher sein. Es ist hart. Es ist schwer, sein Schicksal zu ändern. Es ist traurig,
aber wahr: Das Leben ist kein Zuckerschlecken. Es ist schwer, aus einem Ghetto
herauszukommen. Es ist schwer, einen neuen Weg einzuschlagen. Es hängt so viel
davon ab, in welchem Bett man geboren wurde ... so viel. Die Gesellschaft läßt die
Unterprivilegierten kaum hochkommen.

Mädchen mit Hydrocephalus (Wasserkopf) und ihre
Schwester, Il Cottolengo Klinik, Turin, Italien, 1990

Beim Besuch der Kinderstation eines Krankenhauses in Turin stieß ich auf dieses
kleine Mädchen. Ich hatte nur die Zeit für vier schnelle Schnappschüsse. Ihre kleine
Schwester war gerade zu Besuch da. Ich glaube, daß gerade der kleine Plüschaffe viel
zur Atmosphäre dieses Bildes beiträgt. So etwas kann man nicht arrangieren. Die Wirklichkeit ist oft so überraschend. Man kann sie nicht in eine Richtung lenken, sie entwickelt sich von selbst. Die Realität ist immer noch das beste Motiv.

Die Zwillinge Tulsi und Basant, Great Famous Circus, Kalkutta, Indien, 1989

Ich liebe den Zirkus – er hat alles, was mir wichtig ist: Sinn für Ironie, Humor, Exotik, Profil. Er ist eine schöne Kunst. Dieses Bild hier ist eine reine Dokumentaraufnahme. Die Brüder warten auf ihren nächsten Auftritt. Sie standen einfach da und hatten die Welpe auf dem Arm. Die Realität ist so viel aufregender als die Fiktion – als alles, was man sich für ein Bild ausdenken kann.

Zigeunerlager, Barcelona, Spanien, 1987

Ich glaube, daß meine besseren Bilder sich dem Betrachter nicht auf den ersten Blick erschließen, weil sie versteckte Botschaften enthalten. Ich möchte über das reine Anschauen des Bildes hinaus Gefühle wecken. Es soll Gedankenspiele auslösen. Es soll Erinnerungen wachrufen. Es soll von einer Symbolik sein, die den Betrachter persönlich berührt. Ich weiß, daß meine Bilder meine Handschrift verraten, und manchmal habe ich dafür zu bezahlen. Aber ich würde daran niemals etwas ändern. Das ist für mich ein Prinzip. Würde ich davon abgehen, wäre das Arbeiten für mich womöglich einfacher. Aber das will ich nicht. Ein Fotomagazin gibt mir nicht irgendeinen Auftrag. Man ordnet mich ein und traut mir andere Arbeiten kaum noch zu. Ich habe mich vor ungefähr zehn Jahren fast ausschließlich auf die Schwarzweiß-Fotografie festgelegt. Ich kann auch in Farbe fotografieren, aber das liegt mir nicht … das ist nicht mein Stil. Farbfotografie ist nichts Schlechtes. Es gibt Meister der Farbfotografie – zum Beispiel Joel Meyerowitz. Seine Arbeiten hören nicht bei der Farbigkeit auf. Er versteht es, Aussage und Farbe miteinander zu verbinden. Seine Bilder sprechen. Er sieht in Farbe und er denkt in Farbe. Ich denke in Schwarzweiß.

Eikoh Hosoe

In den frühen Fünfzigern kam ich als Gymnasiast in Tokyo erstmals in ernsthaften Kontakt mit der Fotografie. Mein Vater war Amateurfotograf, und er ließ mich mit seiner Kamera, einer alten Thorntonflex, herumprobieren. Er hatte auch eine kleine Dunkelkammer. Neben der Fotografie interessierte ich mich für die englische Sprache – nicht in der Schule, sondern im Gespräch mit Menschen, deren Muttersprache sie war. Ich hatte Glück: Einer meiner Klassenkameraden hatte einen älteren Bruder, der am Tor einer amerikanischen Militärsiedlung in Tokyo namens Grant Heights arbeitete. Er verschaffte mir Zutritt zu dieser Siedlung. Jedesmal, wenn ich dorthin ging, hatte ich meine Kamera dabei. Ich interessierte mich sehr für den American Way of Life. Die Welt in der Siedlung sah ganz anders aus als die draußen. Ich nahm oft spielende Kinder auf. Wenn ich dann wieder hinkam, brachte ich Abzüge der beim letzten Mal gemachten Bilder mit und gab sie den Kindern. Die Siedlung war zwar groß, aber ich kannte die Lieblingsplätze der Kinder und fand sie. Diese Kinder nahmen mich dann zu den Häusern ihrer Eltern mit und stellten mich dort vor. So machte mein Englisch genauso rasche Fortschritte wie meine Kenntnisse in der Fotografie. Alles was mit der Fotografie zu tun hatte, insbesondere Magazine wie *LOOK* und *LIFE* oder Fotoausstellungen, faszinierte mich. 1953 besuchte ich die Ausstellung von Edward Weston im Amerikanischen Kulturzentrum in Tokyo, die mich tief bewegte. Damals wurde mir klar, daß die Fotografie mein weiteres Leben bestimmen würde.

Ei-Q, Künstler/Mein Mentor, Urawa, 1953

Als ich in den Fünfzigern mit dem Fotografieren anfing, beschäftigte man sich hauptsächlich mit „realistischer" oder „sozialrealer" Fotografie. Sie wurde zur Zeitzeugin der sozialen Konflikte in den Nachkriegsjahren. Hunderte und Tausende heimat- und arbeitsloser Männer, Frauen und Kinder zogen durch die Straßen und vermischten sich mit den aus China, dem Pazifik und den südostasiatischen Ländern zurückflutenden Soldaten – alle voller Angst und doch in der vagen Hoffnung auf eine bessere Zukunft. Der Lebensstandard hatte sich zwar zu Beginn der Fünfziger schon etwas gebessert, aber es gab nach wie vor politische Krisen und Streiks und tägliche Sorgen wie das Essen, die Wohnungsnot, Stromausfälle und die Arbeitslosigkeit. Die Fotografie war ein starkes Mittel zur Darstellung dieser Zustände. Das kann sie auch heute noch sein, aber damals ging man weniger auf das Individuum ein; es entstanden kaum persönliche Beziehungen zwischen dem Fotografen und seinen Motiven – am wenigsten bei denen, die für die Zeitungen und Magazine arbeiteten. Von der Mitte der Fünfziger an – zehn Jahre nach dem Kriegsende – begannen einige jüngere Fotografen, das mehr Persönliche in der Fotografie zu suchen. VIVO, eine Gruppe sechs junger, freiberuflicher Fotografen – Ikko Narahara, Shomei Tomatsu, Kikuji Kawada, Akira Saito, Akira Tanno und ich selbst – gründete sich 1959 mit dem Ziel einer mehr persönlichen, ernsthaften Fotografie. In den sechziger Jahren wuchs Japans Wirtschaft unglaublich schnell. Viele junge Fotografen tauchten auf und betätigten sich vorwiegend in der Inseraten- und Werbefotografie. Gegen Ende der Sechziger – auf dem Höhepunkt der Studentenunruhen – wuchs Japans Wirtschaft zwar immer noch, aber um den Preis einer wachsenden Umweltzerstörung. Damals trugen viele Fotografen mit ihrer dokumentarischen Arbeit und ihrem persönlichen Einsatz dazu bei, diese Fehlentwicklung deutlich zu machen. Ein Beispiel dafür ist Eugene Smiths Minimata-Bilderserie. In ihrem Gefolge ging die Umweltverschmutzung der Industrie zurück.

Kamaitachi Nr. 13, 1965

Für jeden Fotografen ist es wichtig, seine oder ihre eigene Vision oder Identität
auszudrücken. Mit einer Serie wie Kamaitachi habe ich das vielleicht für mich selbst
versucht. In Kamaitachi habe ich meine Eindrücke aus der Kindheit im Krieg zu
verarbeiten versucht; man evakuierte mich damals von Tokyo nach Yamagata, dem
Geburtsort meiner Mutter. Zugleich wollte ich aber auch eine subjektive Dokumentation über Tatsumi Hijikata, dem Begründer des Butoh-Tanzes, machen. Kamaitachi
ist ein unsichtbares Fabelwesen, das die Menschen attackiert. *Kama* heißt „Sichel"
und *itachi* heißt „Wiesel". Das Kamaitachi ist also ein Wiesel mit sichelscharfen Zähnen.
Mein Modell für diese Fotoserie Hijikata und ich fuhren zusammen in die kleine
Stadt Tohoku, dem Geburtsort von Hijikata und der „Heimat" des Kamaitachi. Die
Bevölkerung nahm uns sehr freundlich auf, obwohl wir unangemeldet kamen und
das gefährliche Fabeltier darstellten.

Gaudis Himmel, Sagrada Familia, Barcelona, Spanien,
1977.

Ein spezielles Thema – zum Beispiel das Werk Gaudis – kann man nicht in einem einzigen Bild darstellen. Es muß eine Serie sein. Die Herstellung einer solchen Foto-serie mag wie eine Auftragsarbeit für *LOOK* oder *LIFE* anmuten, sie ist es aber nicht. Eine solche Gesamtserie muß wie ein Gesamtbauwerk wirken, von dem wieder jede einzelne Partie ein eigenes Kunstwerk sein muß. Meine Serie über den Himmel Gaudis ist eine Hypothese, nach der Gaudi sich auf der anderen Seite der Erdkugel dem Zen-Buddhismus auf seine Weise genähert hat.

Rosentortur (Barakei Nr. 16), 1961

Ich hatte das Glück, den bekannten Autor Yukio Mishima als Modell zu haben. Er war eine große Inspiration für mich. Er wußte, daß er mein Modell war und schrieb mir nicht vor, wie er fotografiert werden wollte. Der Grundgedanke zur Serie „Rosentortur" war das Leben und das Sterben in der subjektiven Dokumentation mit Yukio Mishima. Die Serie enthält fünf Teile. „Prelude", Teil 1, bringt Variationen eines Themas. Teil 2, „Der Tageslauf des Bürgers" erzählt vom ganz normalen Wahnsinn des Alltages eines soliden, geschätzten Durchschnittsbürgers. In Teil 3, „Die lachende Uhr oder der nutzlose Zeuge" muß sich das Modell vollständig verändern und zum Spötter und Zeugen werden. Teil 4, „Verschiedene Entweihungen" taucht das Modell in alte Darstellungsweisen – rituelle und sinnliche – er spielt damit; er geht aus ihnen hervor wie das Kind aus der Gebärmutter, und er wird in ihnen begraben, bis er schließlich seinen Körper im Verlauf dieser blasphemischen Spielereien als transparent empfindet. Teil 5, „Rosentortur", ist die zusammenfassende Folter aus dem Vorangegangenen. Das Rosensymbol mit grausamen Stacheln erscheint auf der Szene und er sieht sich einer unendlichen Folterung und Tötung ausgesetzt. Die Serie endet mit dem Tod und dem Aufstieg zu einer dunklen Sonne.

Zeugen des ausgehenden Zwanzigsten Jahrhunderts, 1992.

Aus der Serie „Vor dem Erwachen“: „Gegen Ende des Zwanzigsten Jahrhunderts“
basiert auf drei Techniken: der Solarisation im Stile Man Rays, Móholy-Nagys Foto-
grammen und einem Fotodesign, welches mir mein Fotolehrer Ei-Q beigebracht
hatte. Ich nannte diese kombinierte Technik „Luna Rossagraph“. Als junger Fotograf
interessierte ich mich für alle möglichen Fototechniken – Kameras, Filme, Entwickler, Blendenstop und so weiter – mit denen ein Meisterfotograf seine wunderbaren
Bilder herstellen konnte. Ich erkannte, daß das Vergrößern viel mehr als nur ein
technischer Vorgang ist. Nehmen Sie zum Beispiel Eugène Atget. Seine Bilder,
hergestellt von Berenice Abbott (sie war Schülerin von Atget und auch technische
Assistentin von Man Ray) sind sehr warm, fast warmherzig, könnte man sagen. Auch
das bekannte Labor des Franzosen Pierre Gassmann hat Vergrößerungen von Atget-
Negativen hergestellt. Seine Bilder zeigen jedes Detail, das aus den Negativen heraus-
zuholen ist – man kann sie daher als gut bezeichnen. Das New York Museum of
Modern Art hat eine Anzahl von Negativen und Vergrößerungen von Atget in
seinem Bestand; es beauftragte eine Gruppe von Labors in Chicago, davon Albumen-
Vergrößerungen in der von Atget oft verwendeten Technik herzustellen. Heraus
kamen vier ganz verschiedene Bilder von vier verschiedenen Labors vom gleichen
Negativ. Atgets eigene Vergrößerung ist technisch nicht besonders gelungen.
Vielleicht war sein Entwickler zu kalt, vielleicht arbeitete er im Winter. Vielleicht
konnte er die Bilder nicht genügend wässern. Aber man spürt ihn in seinen Bildern.
Berenice Abbotts Vergrößerung des gleichen Negativs zeigen ihre Liebe zu und
ihren Respekt für Atget. Ihre Bilder sind sehr warm – sie hat sozusagen ihr Herz
mit in den Entwickler gegeben. Der Abzug des Museum of Modern Art ist schön,
aber ich finde zu wenig menschliches in ihm. Und die Vergrößerung von Pierre
Gassmann ist auch schön, aber kalt; ich spüre die Distanz zwischen seiner Auffassung
und der von Atget. Atget drückt sich in seinem Bild selbst aus. Vielleicht verliert es in
den dunklen Partien an Detailreichtum – da wo die Version des Museum of Modern
Art mit Details glänzt. Aber da denke ich an den berühmten Satz von Ansel Adams:
„Fotografen sind in mancher Hinsicht Komponisten, und die Negative sind ihre
Partituren.“ Und das Vergrößern ist die Aufführung! So haben wir hier vier große
Aufführungen. Atget war sein eigener Interpret. Ich selbst halte mich für keinen
sehr guten Fachmann im Vergrößern. Mein Sohn Kenji ist besser, und er kennt
meinen Geschmack – aber ich respektiere die Auffassung eines jeden Interpreten.

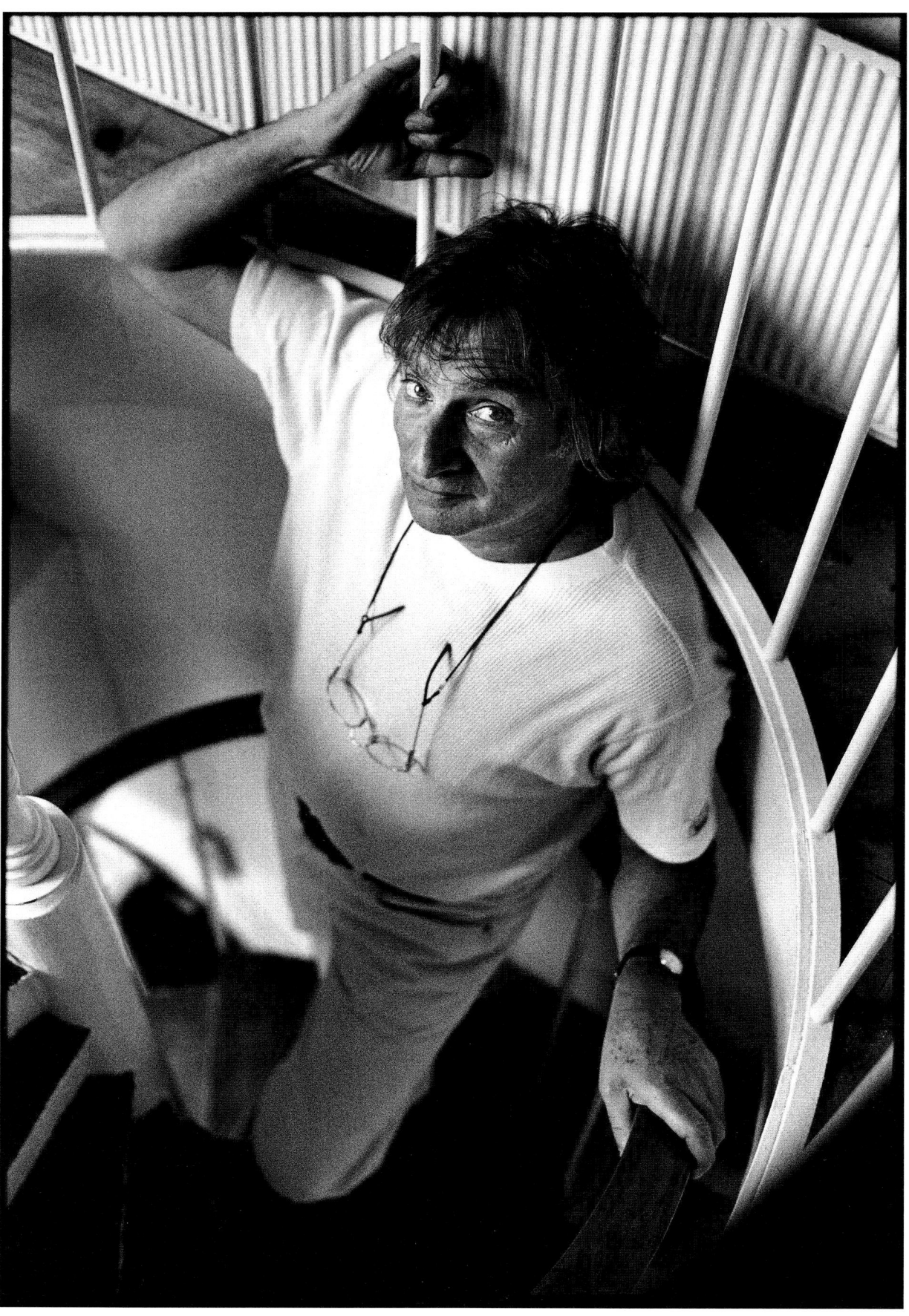

Jeanloup Sieff

Meine erste Kamera bekam ich zu meinem vierzehnten Geburtstag. Es war eine schwarze Plastik-Photax. Ich hatte sie mir nicht einmal gewünscht. So rutschte ich hinein, begann Bücher über das Entwickeln und Vergrößern zu lesen. Freundinnen und Landschaften wurden zu meinen ersten Motiven. Sie sind es bis heute geblieben. So schlage ich die Brücke zu meiner Jugend zurück. Als Kind war ich verrückt nach Filmen … besonders nach den klassischen. Der ästhetische Einfluß von Antonioni, Rossellini, Renoir und Orson Welles auf mich ist stärker als der von anderen Fotografen. Sergei Eisensteins Weitwinkeltechnik hat mich inspiriert. Er soll Kokain genommen haben. Kokain – ich habe es nie genommen – soll die Pupillen weiten. Ich habe in einem Interview gelesen, daß Eisenstein mit dem Weitwinkel gearbeitet hat, weil er damit die gleichen Eindrücke hatte, als wenn er Kokain eingenommen hatte. Ich selbst wollte nicht das Gleiche wie Eisenstein tun, aber er inspirierte mich. Alles im Leben beeinflußt einen: Filme, Gemälde, Romane, Musik. Wir sind wie Schwämme: was wir lernen und was wir mögen, saugen wir in uns auf. Alles Tun im Leben beruht auf Erfahrungen. Einflüsse, die sich unmittelbar und direkt auf mich selbst ausgewirkt hätten, gibt es nur von seiten einiger Maler. 1961 oder 62 entdeckte ich Andrew Wyeth, und seine Landschaften hatten direkten Einfluß auf die meinen.

Jedes meiner Bilder ist ein Ausdruck von Emotionen, welche immer das auch sein mögen. Es kann um eine ästhetische Emotion gehen. Um eine menschliche. Um eine intellektuelle. Es kann eine einfache Reaktion auf das Licht sein, denn Fotografie besteht aus Licht und Dunkel. Alles ist interessant genug, fotografiert zu werden. Es kommt nur auf das Wie und auf den richtigen Zeitpunkt an. Für mich gibt es keine Einteilung der Fotografie außer in „Gute" oder „Schlechte". Nehmen wir zum Beispiel Irving Penn … Mode, Landschaft, Porträt, Stilleben, alles. Er ist Fotograf. Er fotografiert alles, was ihn interessiert. Alles kann interessant werden, wenn es mit den richtigen Augen betrachtet wird. Das Auge erfaßt das Motiv. Das Auge, nicht das Motiv ist wichtig – die Art, wie der Fotograf sieht. Es gibt Fotografen, die sich auf Autos oder auf das Essen spezialisiert haben. Sie leben davon. Manche von ihnen sind gute Fotografen. Andere machen es als Job bis fünf Uhr, als wären sie in einer Bank. Sie setzen fotografisches Wissen und Fototechnik ein, aber sie sind keine Fotografen. Natürlich kann ein Auto Emotionen auslösen. Der Fotograf braucht Emotion. Gestern habe ich Modeaufnahmen gemacht. Morgen wird es eine Landschaft sein. Einmal wird ein Akt zur Landschaft, ein anderes Mal zum Porträt. Ich mache täglich etwas anderes, aber immer nur das, was mich interessiert.

Harper's Bazaar, Palm Beach, 1964

Mit den Herausgebern von Modemagazinen spreche ich nie über Kleider. Mich interessieren Schatten, Licht und Gestaltung. Die Bekleidung ist mir gleichgültig. Ich spreche über andere Dinge, zum Beispiel über meine Ideen für Projekte. Als ich in Europa mit der Modefotografie anfing, waren mir das Make-up und die gekünstelten Posen der Modelle zuwider. Auch in New York bei meiner Arbeit für *Bazaar* hatte ich es mit dick aufgetragenem Make-up zu tun. Ich durfte nichts daran ändern, weil die großen Hersteller seitenweise für ihre Produkte warben. Manchmal versuchte ich dennoch, Bilder ganz ohne oder mit übertrieben starkem Make-up zu machen. Für die Mode- und Anzeigenkundschaft arbeitete ich auch mit Farbe, aber nie für mich selbst. Ich sehe nicht in Farbe. Ich sehe in Schwarzweiß. Dazu fühle ich mich mehr hingezogen. Ich vergrößere selbst. Farbe hat für mich wenig Exotisches. Oft schaue ich mir ein Bild an und denke, daß es in Schwarzweiß besser gewirkt hätte, weil das Motiv zwar phantastisch ist, aber von der zu starken Farbe verdrängt wird. Sicher kann man mit Farbe sehr schön arbeiten, aber Schwarzweiß spricht die Sinne durch Formen, Linien und Ausdruck stärker an.

Alfred Hitchcock mit Ina, Harper's Bazaar, 1962

Ich ging für die Zeitschrift *Bazaar* nach Hollywood. Ich hatte ihnen eine Parodie
darauf vorgeschlagen, wie die Leute dort ein Teil des Filmbetriebes werden. Ich
schaute mich eine Woche lang um. In den Universal Studios sah ich die Dreharbeiten
zu *Psycho* Ich fragte nach Mr. Hitchcock. Ich wollte ein hübsches Bild von ihm
zusammen mit einem Mädchen machen. Aber man sagte mir: „Nein, Mr. Hitchcock
ist in San Francisco. Er arbeitet am Drehbuch von *Die Vögel* und ist sehr eingespannt.
Aber wir versuchen es.' Später rief mich sein Agent an und sagte: „Mr. Hitchcock
kann zwei Stunden lang kommen. Sagen Sie uns wann." Ich antwortete: „Okay,
morgen früh um sieben Uhr." Und er war da. Alle erwarteten ihn. Er kam und fragte,
was er tun solle. Ich erzählte ihm von meinen Parodieplänen; er solle sich hinter
ein Mädchen stellen und so tun, als wolle er sie strangulieren, und sie solle so tun,
als sei sie in Todesangst. Als Hintergrund wählte ich das Haus aus *Psycho.* „Oh, welch
hübsche Idee", sagte er, „Ich liebe es, vor dem Frühstück hübsche Mädchen zu erwür-
gen." Und um neun war er wieder weg auf dem Weg zum Flug nach San Francisco.

Ein englischer Po, Paris, 1969

Manchmal ist ein Körper interessanter als ein Gesicht. Ein Gesicht kann ablenken.
Fotos werden zeitloser, wenn die aufgenommene Person nicht zu erkennen ist.

Death Valley, Kalifornien, 1977

Schon seit vielen Jahren wollte ich das Death Valley sehen. Der Name faszinierte
mich. Und ich liebe die Wüste. Ich liebe die Weite. Ich atme freier. Das Bild mit dem
Busch im Vordergrund, mit dem rissigen Boden und den Bergen ganz hinten schätze
ich sehr. Es ist schön. Es war damals warm und sonnig. Diese Sonne fehlt mir. Ich
liebe den optimistischen Busch im Vordergrund, er ist ein Symbol der Hoffnung.

Soldatenfriedhof an der Somme, 1992

Es gibt überall auf der Erde Orte, wo Schreckliches geschehen ist ... die Menschen
haben sich immer gegenseitig getötet. Aber der Erste Weltkrieg war der Gipfel:
10.000 Gefallene in einer Nacht für fünfzig Meter Geländegewinn, und nochmals
10.000 in der Folgenacht, um diese fünfzig Meter zurückzugewinnen. Ein unfaßbares
Gemetzel. In der Schlacht um Verdun wurden innerhalb weniger Monate anderthalb
Millionen Franzosen und Deutsche getötet. Sie waren achtzehn oder zwanzig. Eine
ganze Generation: tot. Auf 600 km Frontlänge ging es vier Jahre lang nur vor und
zurück. Neben Verdun gibt es noch viele andere Orte, wo man alte Befestigungen
und Schützengräben sehen kann, zum Beispiel in der Champagne oder an der Somme
im Norden Frankreichs. Man kann dort noch manches sehen, aber ich nehme weniger
die körperlichen als die abstrakten Erinnerungen auf. Ich habe mich mit diesem
Thema schon als Kind mit zwölf oder dreizehn Jahren beschäftigt. Ich hatte viele
Bücher über den Ersten Weltkrieg. Ich besuchte die Plätze, von denen der Franzose
Blaise Cendrars und der Deutsche Ernst Jünger in ihren Kriegstagebücher berichtet
hatten. In meinem Bild eines Getreidefeldes mit dem Soldatenfriedhof an der Somme
taucht dieser nur winzig im Hintergrund auf. Wer die Geschichte dieses Ortes nicht
kennt, sieht nur das Kornfeld. Aber wer die Tagebücher von Cendrars oder Jünger
gelesen hat, weiß, daß unter diesem Feld 20.000 Gefallene liegen. Wenn meine Bilder
etwas Friedliches ausstrahlen, so nur, weil ich das Leben für stärker halte als alle
Dummheit auf der Welt. Am besten vergißt man und versucht zu leben. Oscar Wilde
schrieb: „Tod und Vulgarität sind die einzigen Dinge, die man nicht erklären kann."

Helmut Newton

Ich fing mit zwölf zu fotografieren an.
Ich hatte mir bei einer deutschen
Woolworth-Niederlassung eine Kamera
gekauft. Ich wußte nicht einmal wieso.
Ich hatte keine besondere Motivation –
ich kaufte sie, wie eben Kinder ihr Spiel-
zeug kaufen. Dann fing ich an zu fotografieren. Ich liebte es mehr und mehr.
Yva (eine bekannte Berliner Modefotografin) wurde meine Lehrerin. Ich lernte
sie durch meine Mutter kennen. Ich
hatte mich aus der Schule werfen lassen.
Ich haßte sie und war ein schrecklicher
Schüler. Aber meine Mutter hielt zu mir
und verschaffte mir eine Lehrstelle.
Damals mußte man noch ein Lehrgeld
bezahlen – es war noch eine echte Lehre.
Welches Handwerk man in Deutschland
auch lernen wollte, stets ging eine mehr-
jährige Lehrzeit voraus. Es war ein sehr
gutes System. Nach sechs Monaten rief
Yva meine Mutter an und sagte ihr: „Ich
bin so zufrieden mit Ihrem Sohn, daß
Sie nichts mehr zu bezahlen brauchen.
Ich werde ihm selbst etwas Taschengeld
geben, um ihm meine Anerkennung zu
zeigen." Sie war eine wunderbare Dame.
Später wurde sie in Auschwitz ermordet.
In Berlin war man mit der Fotografie
weiter als irgendwo anders. Es war das
Zentrum des modernen Fotojournalismus. Mit vierzehn machte ich ein Selbst-
porträt mit Hut und Handschuhen – die
Kinderphantasie von einem Auslands-
korrespondenten. Aber die Modefotografie hat mich von allem Anfang an
interessiert. Ich weiß nicht, warum.
Yva war Modefotografin, aber schon vor
meiner Zeit bei ihr und noch in der
Schule ließ ich meine Freundinnen für
Modeaufnahmen posieren, wie ich sie in
den Magazinen meiner Mutter sah. Es
gab damals eine deutsche *Vogue*-Ausgabe.
Ich war von Fotografien umgeben,
besonders auch von Propagandabildern.
Beim Betrachten vieler meiner Bilder –
zum Beispiel von den Big Nudes – werden
Anklänge an faschistische Darstellungen
erkennbar. Meine Frau ist meine wahre
Muse ... wir leben seit 1948 zusammen.
June ist für mich nicht nur als Frau
wichtig, sondern auch für meine Arbeit.
Sie ist für alles aufgeschlossen. Einmal
sagte sie mir: „Wenn ich mir deine
Bilder so anschaue: du kannst deine
Jugendzeit in Berlin nicht verleugnen."
Und sie hat recht.

Jenny Kapitän, Pension Dorian, Berlin, 1977

Das Motiv von Jenny Kapitän in Berlin kam mir in Erinnerung an einen Film mit
Erich von Stroheim. In *Die große Illusion* trägt er eine Halskrause. Ich nehme Dinge
auf … Ich habe haufenweise Zeitungsausschnitte. Paparazzi interessieren mich sehr.
Ebenso die Fernsehnachrichten. Ich bin der bodenständigste Mensch, den man sich
nur vorstellen kann. Ich habe keine Phantasien. Ich laufe nur mit offenen Augen
durch die Welt. Ich beziehe meine Ideen aus dem Tagesgeschehen, aus dem, was ich
in der Zeitung lese, was ich sehe, wenn ich ausgehe und vieles auch aus Romanen,
die ich lese. Bis ins Altertum zurück haben sich die Menschen schreibend, malend
und zeichnend dem sexuellen Akt gewidmet.

Woman into Man, Paris, 1979

Wenn ich als Schüler eine meiner Freundinnen auf meinem Zimmer fotografierte, verwendete ich ein Tungsten-Foto-Flutlicht mit 100 Watt. Das mache ich auch heute noch, wenn ich Licht brauche. Ich mache auch nur wenige Aufnahmen. Ich habe viel mit Grace Coddington für die amerikanische *Vogue* gearbeitet und dabei oft nicht einmal einen 120er Film verbraucht. Wenn ich dann sagte: „Zieh das nächste Kleid an", kam von Grace der Einwand: „Helmut, du hast gerade mal sechs Bilder gemacht." Ich antwortete dann: „Und du wirst nur eines davon brauchen." Manche Fotografen spulen Film auf Film ab und machen hundert Vergrößerungen davon. Was das alles kostet. Und wer soll das alles anschauen? Ich würde das nicht gern tun. Manchmal mache ich bis zu 24 Bilder. Ich habe das von meiner Lehrzeit her. Es ist ein Zeichen von Unsicherheit, wenn man mit Motorantrieb reihenweise Filme verknipst. Was soll dabei schon groß rauskommen?

Zwei Beinpaare in schwarzen Strümpfen, Paris, 1979

Seltsam. Wenn ich meine Bücher signiere, stelle ich fest, daß mehr Frauen als
Männer sie kaufen. Sie kaufen sie für ihre Ehemänner, ihre Freunde oder für sich
selbst. Bei meinen Lesungen habe ich gemerkt, daß ich viele weibliche Fans habe.
Sehr viele sogar. Warum das so ist, weiß ich nicht, aber ich freue mich sehr darüber.
Natürlich werde ich auch viel angefeindet. Ich selbst halte mich für einen Feministen.
Wie sollte ich ein Leben lang ein Motiv fotografieren, das mir zuwider ist. Da wird
oft viel Blödsinn geredet, auf den zu antworten die reine Zeitverschwendung wäre.

Frau studiert Mann, Saint-Tropez, 1975

Der Art Director der französischen *Vogue* fing 1961 am gleichen Tag wie ich selbst für das Magazin zu arbeiten an. Damals galt diese Position noch etwas. Heute gibt es nur noch Bilderkleber. Der Kommerz bestimmt alles. Den Redaktionen fehlt der Sinn für das Künstlerische. Die Werbefotografie ist heute viel kreativer als die redaktionelle. In der guten alten Zeit war es umgekehrt. Wir sind alle durch unsere redaktionellen Arbeiten bekannt geworden. In den vergangenen zehn Jahren hat die redaktionelle Fotografie kein neues Terrain mehr erobert. Man produziert kommerziellen Ramsch, Katalogfotografie. Amerikas Zeitschriften sind stark anzeigenfixiert. Nur ja keinen Leser mit dem redaktionellen Teil verscheuchen. Die Werbefotografie hat den kreativeren Part übernommen.

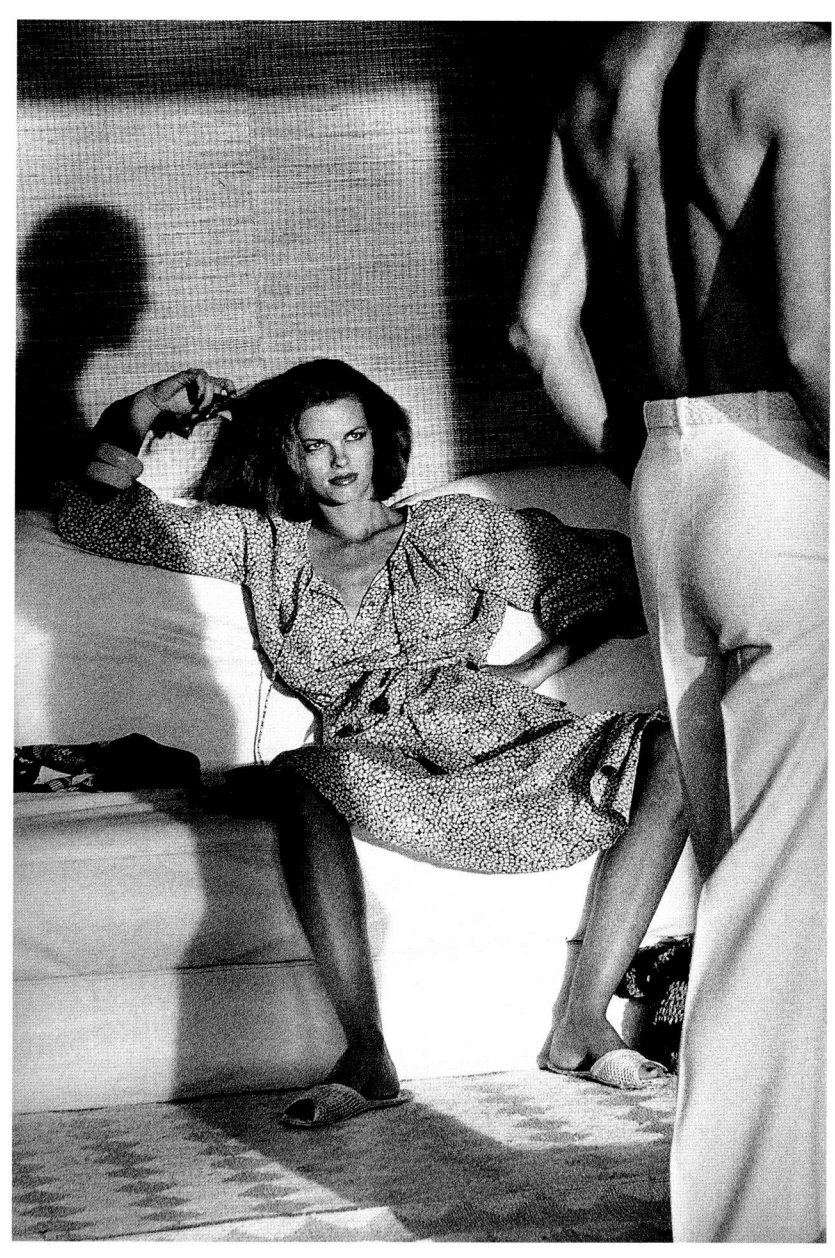

*Französische Vogue, Cannes: Hut: Jean Barthet. Tuch:
Revillon. Badeanzug: Yvan & Marzia,* 1981

Jeder Fotograf, der behauptet, kein Voyeur zu sein, lügt entweder, oder er ist dumm.
Irgendwo mußt du mental und sexuell an deinem Sujet interessiert sein. Es ist eine
Liebesbeziehung … es muß befriedigen. Ich kriege keinen Steifen oder sowas.
Damit kann man nicht arbeiten. Außerdem bin ich jetzt ein alter Kerl. Aber dennoch:
Frauen sind für mich faszinierende Geschöpfe. Wenn ich arbeite „Kann einer neben
Helmut tot umfallen, und er merkt es nicht", sagt meine Frau. Ich bin voll konzentriert.
Als sie einmal während der Session sagte: „Die Leute haben Hunger", antwortete ich
ihr: „Ist mir scheißegal, ob sie hungrig sind oder nicht. Wir arbeiten." Nach meiner
Erfahrung kann man mit vollem Magen jede weitere Arbeit an einer Session vergessen;
das gilt auch für mich selbst. Nach dem Essen ist jegliche Intuition weg. Knabber-
zeug ist in Ordnung, jeder kann es haben. Ich arbeite sehr schnell. Wir arbeiten
zu vernünftigen Zeiten. Nicht ab der ersten Morgendämmerung. Vielleicht so ab
9.30 oder 10.00 Uhr. Um 16.00 Uhr herum gibt es dann etwas zu Essen. Jeder setzt
sich halb verhungert an den Tisch. Aber was soll's. An sowas erinnern sich die Leute
später nicht mehr, aber an schlechte Bilder sehr wohl.

Annie Leibovitz

Mit zwanzig fing ich bei *Rolling Stone* an.
Das war ein Riesenglück für mich,
denn ich stieß zu einer Gruppe von
Leuten, die zwar sehr jung waren, aber
genau wußten, daß sie etwas besonderes
machten. In uns loderte noch das Feuer
der Jugend, und das gab uns Auftrieb.
Wir pflegten eine Art Arroganz nach
dem Motto „Nur wir haben's drauf". Es
gab nichts anderes in Sachen Popkultur.
… Ich weiß, es ist schwer, publiziert zu
werden. Aber wichtiger ist es, erst einmal gute Bilder zu machen, die es wert
sind, veröffentlicht zu werden. Das ist
sehr schwierig. Aber wenn junge Fotografen sich selbst motivieren können,
wenn sie sich mit einem Thema identifizieren, dann können sie auch mehr als
nur an der Oberfläche kratzen. Manchmal sehen Fotografen die Motive vor
ihrer Nase nicht – sie scheinen zu selbst-
verständlich zu sein. Wenn wir jemanden
sehr gut kennen, sagen wir meist zu ihm:
„Geh mir aus dem Weg, damit ich dieses
Bild machen kann." Wenn jemand sich
die Mühe machen würde, eine gute Story
über eine ihm nahestehende Person zu
machen, wären die Redaktionen der
Zeitschrift sicher daran interessiert.
Ich weiß – das ist wie mit dem Henne-Ei-
Problem – du brauchst Arbeit, aber um
sie zu bekommen, mußt du vorher gut
gearbeitet haben. Schauen Sie sich Sally
Mann an. Ihr Werk ist so gut, weil sie
ihre Leute kennt. Nan Goldins Werk
handelt von ihr selbst und ihren
Freunden. Cindy Sherman ist sie selbst.
Und das interessiert uns. Das sind
Aussagen. Manchmal merken wir einfach nicht, daß unsere stärksten und
persönlichsten Themen direkt vor
unserer Haustüre liegen.

Amerikanische Soldaten und die Königin der Negritos, Clark Air Force Base, Philippinen, 1968

Während ich das San Francisco Art Institute besuchte, war mein Vater auf der Clark Air Force Base auf den Philippinen stationiert. Ich komme aus einer Soldatenfamilie. Meine Eltern machten sich die größten Sorgen, weil ich in Kalifornien studierte, während sie auf den Philippinen waren. Ich sollte unbedingt zur Universität der Philippinen wechseln, aber ich lehnte das glatt ab. So bestanden sie darauf, daß ich vor meinem zweiten Jahr auf der Uni wenigstens den Sommer mit Ihnen auf den Philippinen verbringen sollte. In dieser Zeit machte meine Mutter eine Studienreise nach Japan, auf die sie mich und meine jüngeren Brüder und Schwestern mitnahm. In Japan kauft man sich eine Seiko-Uhr und eine Kamera, man besucht den Fujijama und so weiter. Ich kaufte mir eine Minolta SRT101. Eine Kamera war für die Familie kein unbekanntes Wesen. Wir hatten jede Menge Schnappschüsse und 8-mm-Filme. Aber dies war meine bis dahin beste Kamera. Wir kamen wieder zurück auf die Philippinen, wo ich anfing mit der neuen Kamera zu fotografieren und in den Hobby-räumen des Stützpunktes zu vergrößern. Ich beschäftigte mich jetzt ernsthaft mit der Fotografie. Um diese Zeit entstand mein Bild von Mary, der Queen of Negritos. Eigentlich ist es noch ein Schnappschuß nach der Art „Kommt her und laßt euch fotografieren". Zurück in den Staaten besuchte ich einen Abendkurs für Fotografie, während ich noch meine Malereiausbildung fortsetzte. Ich war achtzehn oder neunzehn Jahre alt und fühlte mich innerlich zerrissen. Der Vietnamkrieg war in vollem Gang. Mein Vater war beim Militär und ging immer wieder nach Vietnam. Und ich saß mitten in der Hippieszene von San Francisco und besuchte das San Francisco Art Institute, wo alle Lehrer soffen und wo in der Malfakultät lauter grimmige abstrakte Maler herumliefen. Platsch!!! Jeder dieser Neuen Wilden warf hauptsächlich mit roter Farbe um sich. Das war nichts mehr für mich. Irgendwo mußte doch auch die Realität zu Wort kommen. Fotografen und die Fotografie erschienen mir viel zugänglicher, freundlicher. Es gab dort eine viel bessere Kameradschaft.

Louis Armstrong, Queens, New York, 1971

Am San Francisco Art Institute lehrte man im Stile eines Robert Frank oder eines Cartier-Bresson. Mary Ellen Mark und ich hätten diese Richtung auch beibehalten. Hätte mir damals jemand prophezeit, daß ich Porträtfotografin werden würde, hätte ich ihn ausgelacht. Das schien nichts für mich zu sein. Aber dann mußte ich es für die Titelaufnahmen des *Rolling Stone* doch machen. Eigentlich interessierte ich mich mehr für die Landschaftsfotografie. Heute sind meine Porträts zugleich meine Landschaften. Ich erinnere mich an die ersten Ausgaben von *People;* damals nahm man sich die Leute vor, ließ sie sich dreimal umziehen und achtete darauf, daß alles innerhalb von zwei Stunden im Kasten war. Den Blick hinter die Kulissen gab es nicht. Das lag auch daran, daß nicht mehr genug Geld da war, um einen Monat an einem Fotoessay nach Art der frühen *LIFE*-Ausgaben zu arbeiten. Dies versöhnte mich damit, daß ich nun Porträts machen sollte. Hier genügten ein paar Stunden des Posierens, und die Arbeit war erledigt.

Steve Martin, Studio City, Kalifornien, 1995

Zu dieser Art des Blitzlichteinsatzes im Zwielicht kam ich eher durch Zufall: Als
Rolling Stone auf Farbe umstellte, mußten die Farbbilder auf dem relativ schlechten
Druckpapier noch zur Geltung kommen. Ich hatte zuvor noch nie mit Farbe gearbeitet, log aber: „Na sicher, kein Problem"; dabei pochte mir das Herz bis zum Hals.
Eines meiner ersten farbigen Titelbilder zeigte Marvin Gaye in Los Angeles. Es entstand auf seinem Hügel in Topanga Canyon, und hinter ihm ging die Sonne unter.
Ich verwendete keinen Blitz. Im Druck sah man dann den Sonnenuntergang und
von Marvin Gaye nichts als eine Silhouette. Ich begriff, daß man für diese Bilder
einen Aufhell-Blitz braucht.

John Lennon und Yoko Ono, New York, 1980

Ich bin mehr eine Fotografin, die die Dinge beobachtet und sich entwickeln läßt.
Gestellte Szenen und Studioanweisungen liegen mir weniger. Ich mache das zwar
auch, aber ich habe nicht so viel Spaß daran. Ich schaue den Menschen lieber zu
und beobachte, was sie tun und wie sie es tun. Dann bitte ich sie, auf ihre Weise ein
Rollenspiel anzufangen, ohne daß ich eingreife. So beschäftigten sie sich, und ich
konnte sie dabei beobachten. Am liebsten fotografiere ich Paare wie John und Yoko,
die sich mit sich selbst beschäftigen. Ich interessierte mich in meiner Zeit bei *Rolling
Stone* sehr für die grafische Gestaltung der Titelseite – wie man dort Wirkung erzielen
konnte. Ich war schon zehn Jahre dabei und wußte, wie man diese Wirkungen erreichen konnte. Gefragt war die unkomplizierte, grafisch gelungene Komposition mit
hohem Informationswert. Damals war gerade ihr Album *Double Fantasy* erschienen,
und ich blickte neidvoll auf den Umschlag, der ein einfaches Foto von John und Yoko
in einer Kußszene zeigte. Denken Sie mal an 1980 zurück: damals war die Romantik
passée; um so mehr faszinierte mich dieser Kuß, und ich entschloß mich, auf diesem
Motiv aufzubauen. Ich dachte an eine einfache Umarmung – an etwas, was auch ich
täglich erlebe. Ich dachte an Pärchen, die sich aneinander kuscheln. Ich bat sie beide,
nackt zu posieren. Für John war das kein Problem, aber Yoko wollte im letzten
Moment ihre Hosen anbehalten und nur ihr Hemd ausziehen. Ich war enttäuscht
und sagte: „Oh, dann laß halt alles an." Und gerade die Tatsache, daß nur John
nackt ist, bringt die ganze Spannung ins Bild. Mir ist es recht, wenn jeder das Bild
auf seine Weise interpretiert. Das ist ja das Schöne daran. Jeder soll aus ihm heraus-
lesen, was er will.

Die Goldmans an Rons Grab, Los Angeles, Kalifornien, 1994

Fast scheint es mir, als wäre ich speziell für die O.J.Simpson-Story geschaffen worden.
Der ganze Medienrummel. Das Gehabe der Leute von Los Angeles. Die Vergötzung
der Idole. Türen begannen sich für mich zu öffnen, von denen ich das nie geglaubt
hätte. Am ersten Tag hatte ich nur die Zulassung für die Presseräume. Ein Stockwerk
war für die Presse reserviert, aber für mich schien es eine Ausnahme zu geben. Dabei
half mir eine gut besuchte Ausstellung in Los Angeles im County Museum of Art.
Sogar der Staatsanwalt Gil Garcetti hatte sie gesehen, ebenso Richter Ito. Als ich ein-
traf fragte er nach mir. Er lud mich in sein Büro ein und ich erklärte ihm, was ich im
Gerichtssaal tun wollte. Es stellte sich heraus, daß er meine Arbeiten schätzte. Er ist
ein Fotofan. Ich versuchte ihn zu überreden, mir für ein Porträt zu sitzen, aber er
sagte, das dürfe er nicht. Er sagte (schlägt sich ans Hirn, um seine Reaktion darzustellen): „Nicht zu fassen, daß ich ablehnen muß. Aber ich kann es nicht machen."
Aber er würde mir einen Sitzplatz im Saal verschaffen. Als ich einwendete, daß keiner
mehr frei sei, antwortete er: „Wissen Sie, das ist mein Gericht, und Sie kriegen den
Platz." Die Arbeit im Saal war weniger aufregend, aber dort traf ich die Leute und
dort spielte die Musik. Während der Pausen konnte ich mit Shapiro und Marcia Clark
sprechen. Am Telefon kam man nicht zu ihnen durch, wohl aber im Saal. In den
Gängen konnte ich die Leute anhalten und mit ihnen sprechen. Auf Anrufe
reagierten die Goldmans nicht, aber ich hatte mich mit den Browns angefreundet,
die ich sehr schätzte. Sie riefen für mich bei den Goldmans an. Schließlich meldeten
sie sich, und ich konnte sie in ihrem Haus besuchen. Ein Kameramann von ABC, mit
dem ich mich im Gericht angefreundet hatte, schlug mir vor: „Ich weiß nicht, ob das
möglich ist, aber das Grab von Ron liegt zwischen den Bäumen auf diesem Hügel,
und es wäre phantastisch, wenn du sie dort aufnehmen könntest." Dieser Gedanke
setzte sich bei mir fest. Ich glaubte aber nicht, daß sie mich zum Grab mitnehmen
würden und war schon froh, als sie endlich für ein Familienbild einwilligten. Als ich
bei ihnen ankam, war es dunkel, und ich fotografierte sie in der Küche. Ich sagte:
„Besser wäre es, wenn ich bei Tageslicht fotografieren könnte." Als ich mich verabschiedete, fragte Mr. Goldman: „Bringen Sie ein Bild von Nicole?" Ich antwortete:
„Nein, aber als ich die Browns fotografiert habe, stand ein Bild von Nicole im Wohn-
zimmer." Er sagte: „Es wäre schön, wenn auch Ron irgendwie mit drauf käme."
Ich nutzte meine Chance und fragte ihn: „Was denken Sie über ein Bild am Grab?"
Er dachte nach und antwortete nach einer kleinen Pause: „Ja, das sollten wir machen."
Ich fuhr also am Sonntag darauf zu ihnen und folgte ihnen zum Grab. Es war sehr
schwierig, aber Ron sollte mit auf das Bild kommen, das Opfer sollte nicht vergessen
werden.

Herb Ritts

Ich fiel der Fotografie als Verkäufer im Möbelgeschäft meines Vaters in die Hände. Ich hatte eine Miranda und begann mit Bildern meiner Mitbewohner und Freunde. Den Weg in die Öffentlichkeit fand ich über Richard Gere. Wir hatten am Anfang seiner Filmkarriere – kurz vor seinem Debut in *Days of Heaven* – einige Bilder aufgenommen. Richard erzählte seiner PR-Agentin, daß ihm einige meiner Bilder gut gefielen; er regte an, sie mit in die engere Auswahl für eine Publikation zu nehmen. Die Bilder tauchten innerhalb nur eines Monats in *Vogue, Esquire* und *Mademoiselle* auf. Einen oder zwei Monate später brachte *L'Uomo Vogue* eines davon als Titelbild. Von diesem Magazin hatte ich bis dahin noch nicht einmal etwas gehört. Auch *Vogue* und die anderen Modezeitschriften hatte ich mir bis dahin noch nicht angeschaut. Ich konnte nichts dagegen machen. Ich bekam Beleghefte, und darin waren meine Bilder abgedruckt. Ich hatte die Fotos an einer Tankstelle in San Bernardino aufgenommen. Wir mußten einen platten Reifen reparieren, und ich sagte: „Schaut gut aus hier", und wir machten ein paar Bilder. Bei *Mademoiselle* ging auf meine Bilder hin so viel Fanpost ein, daß der Redaktionsleiter mich aufspürte und anrief: „Können Sie in ein paar Tagen Brooke Shields für uns aufnehmen?" Ich sagte: „Wunderbar". Ich ging zu ihr, als sie gerade für einen Film probte und machte die Aufnahmen für eine Doppelseite. Neben diesen Prominentenbildern blieb ich aber auch bei meinen Aufnahmen im Bekanntenkreis. Einer von Ihnen war das Herrenmodel Matt Collins, der

in den siebziger Jahren mit seiner Eleganz weit oben stand. Er zog in meine Gegend, und ich bot ihm eine Wohnung in meinem Haus an. Ich hatte meine Kamera dabei, und er brauchte ein paar Porträts von sich. Einmal war ich für meine Familie auf einer Möbelausstellung in New York und hatte ein Kuvert mit ungefähr fünfzehn von meinen Bildern dabei. Ich wohnte bei einem Freund namens Michael Holder, der ebenfalls als Dressman arbeitete. Morgens schlich sich immer seine Freundin an der Couch vorbei, auf der ich schlief. Irgendwann mußte er ihr meine Bilder gezeigt haben, denn drei Wochen später kamen drei Riesenkisten mit Herrenbekleidung von Versace, Armani und Missoni aus Italien an. Es stellte sich heraus, daß sie für *Harper's Italia* arbeitete; ich sollte die ganze Kollektion aufnehmen, weil ihr meine Bilder so gut gefielen. Ich wußte nicht einmal, daß sie sie gesehen hatte. Ich griff mir Matt Collins, wir gingen an den Strand von Santa Monica, und ich schoß zwanzig Seiten Herbstkollektion unter der Pier. Ich bekam ein Belegexemplar und noch mehr Bekleidung. So fing es an. Bald kam Franca Sozzani, die damalige Herausgeberin von *Lei* und heutige Chefin von Condé Nast hinzu und schickte mir ihre Modelle. Sie gab nicht nur mir, sondern auch Bruce Weber und Steve Meisel Erstaufträge. Die Kleiderkisten kamen, ein Redakteur war bei den Aufnahmen nicht dabei. So was gibt es heute nicht mehr. Damals war alles noch freier und ungebundener – man konnte mehr machen.

Versace-Modell, Rückenansicht, El Mirage, 1990

Ich meine, daß die heutigen amerikanischen Zeitschriften – ausgenommen manchmal
Bazaar – sehr kommerziell geworden sind. Wenig erinnert an die alten Ausgaben
von *Vogue* oder *Bazaar* aus den fünfziger, sechziger und siebziger Jahren, in denen
Avedon und Penn und alle anderen Mode noch kreativ fotografieren konnten.
Es gibt noch Ausnahmen, aber bei den Modezeitschriften sind sie selten geworden.
Das ist zwar unglücklich, aber hier stehen kommerzielle Interessen und Verwaltung
an erster Stelle. Vieles von der Werbefotografie ist heute leider besser als das, was
im redaktionellen Teil geboten wird. Helmut Newton entwickelt immer wieder großartige Ideen. Ob Magazine wie *Vogue* so etwas dann bringen, ist eine ganz andere
Frage. Ich bewundere Helmut wirklich. Er ist einer meiner Favoriten, denn er macht
das Beste aus allem, was er anpackt. Er hat sich jahrelang nur von seiner Intuition
leiten lassen, egal, ob seine Arbeiten nachher gedruckt wurden oder nicht. Ob ich
selbst jemanden in seiner Arbeit beeinflußt habe, weiß ich nicht. Es gibt viele Fotografen, die ich sehr schätze: Man Ray, Weston, Edward Curtis. Auch Joel-Peter Witkin.
Er hat einen ganz eigenen Stil, und ich finde seine Bilder interessant, wenn auch
manchmal etwas schwer verdaulich. Wenn man mit ihm spricht, sich mit seinen
Arbeiten befaßt und ihm bei der Arbeit zuschaut, ist es schon erstaunlich, was er
alles zustande bringt. Ich bewundere seine Entwicklung. Das wichtigste für junge
Fotografen ist es meiner Meinung nach, daß sie hinausgehen und ihre Augen auf
die richtigen Sujets mit der richtigen Belichtung trainieren. Die Ausbildung und
die Technik sind zweitrangig; wichtig ist es, das richtige Motiv zu finden, welches in
einem Emotionen weckt. Das können Autos sein, kommerzielle Hochglanzbilder,
rostige Abfallhaufen – was auch immer. Es muß dich nur ansprechen. Man kann
die Dinge auf tausenderlei Weise sehen. Mit einer
guten Kamera allein ist noch gar nichts erreicht, solange das Motiv nicht stimmt. Ich nutze manchmal
den Blitz oder baue eine Kinoleuchte auf, aber am
liebsten fotografiere ich einfach so. Ich sitze nicht
da und knipse Bild für Bild ab. Das ist nicht mein
Stil. Ich binde mich möglichst wenig an die Technik.
Ich warte lieber auf den richtigen Moment.

Massai-Frau mit Kind, Afrika, 1993

Als ich einmal eine Safari mitmachte, nahm Afrika mich gefangen. Ich beschloß
wiederzukommen und ein Buch zu machen, denn alles dort zog mich an. Ich fühlte
mich inspiriert, nicht nur von der Exotik der Menschen und Tiere, sondern auch
von der Landschaft. Kontraste und Texturen schätze und liebe ich. Das ganze Buch
ist bei natürlichem Licht aufgenommen. Ich wollte einfach von der Morgendämmerung bis zum letzten Abendlicht alles einfangen, was nur möglich war. „Okay, das ist
es. Da ist die Kamera. Mach." Du bist die ganze Zeit eingespannt. Alles ist fair. Du
mußt dich nicht mit Leuten oder Kleiderordnungen herumärgern. Alles was da ist,
kann dein Motiv werden. Viele der Menschen waren noch nie fotografiert worden,
und doch gaben sie sich völlig natürlich. Ich habe nichts arrangiert – alles ist so
fotografiert, wie es war. Diese Art von Herausforderung habe ich mehr und mehr
zu schätzen gelernt. Wenn dich etwas inspiriert, wirst du wahrhaftiger fühlen und
arbeiten.

Bill T. Jones, Los Angeles, 1995

Die Aktaufnahme liebe ich wegen ihrer Zeitlosigkeit. Sie ist über die Jahrhunderte in der Malerei und Skulptur ein wichtiges Thema geblieben. Sie scheint fast zu einfach, und doch ist sie immer wieder eine Herausforderung. Ich liebe die Schwingungen dieser Bilder. Es gibt keine Unterschiede zwischen männlichen und weiblichen Aktaufnahmen. Wichtig ist, daß das Modell mitarbeitet. Wie es sich darstellen kann. Wie es sich bewegt. Wie Psyche und Physis übereinstimmen.

Djimon mit Octopus, Hollywood, 1989

Dizzy Gillespie, Paris, 1989

Manche Menschen sind so schüchtern oder zurückhaltend, daß man sie durch eine Session führen muß. Manchmal ist es aber gerade diese Zurückhaltung, die man sucht, und dann wird man nichts daran ändern. Ich versuche nie, Stimmungen mit Make-up und Frisuren zu verschleiern, wenn dadurch etwas von der Seele des Dargestellten verlorengeht. Ein Mensch muß immer er selbst bleiben können. Man hat ihn zu respektieren. Sicher kann man ihn manchmal in eine bestimmte Richtung führen, aber nur bis zu einem gewissen Punkt und nur, wenn er sich dabei nicht unwohl fühlt. Ich mag dieses Bild von Dizzy. Es ist eine Augenblicksstimmung. Die Arbeit mit ihm hat viel Spaß gemacht, aber er mußte erst „warm" werden. Ich bat ihn, seine Backen wie beim Trompetenspiel aufzublähen, aber ohne das Instrument, damit das Bild abstrakter würde. Ich fragte ihn, ob er nicht einfach seinen Finger auf den Mund legen und dann die Backen blähen könne. Er antwortete: „Nein, sowas mache ich nur für die Kids; für ein Foto kann ich das nicht machen." Und dann tat er es ganz am Ende der Session doch noch; ich griff mir meine letzte, noch nicht eingepackte Kamera und schoß das Bild.

Sebastião Salgado

Was ist Fotografie? Es ist die Art und
Weise, wie der Fotograf denkt. Ich bin
sicher, daß Sie sich für meine Einzel-
bilder nicht interessieren. Sie interessieren sich für das Konzept – für mein
Lebenskonzept – für die Art, in der ich
in die Realität eingreife, wenn ich meine
Bilder mache. Mein Studium der Wirt-
schaftswissenschaft war für die Entstehung meiner Bilder von großer
Bedeutung. Es gab mir die Möglichkeit,
etwas tiefer in das Leben meiner Sujets
einzudringen. Ich habe mich den Ver-
knüpfungen der Weltwirtschaft, mit
Soziologie und ein wenig mit Anthropologie befaßt, und das hat mir einen
analytischen Verstand beschert. Als ich
nach Jahren des Studiums zu fotografieren anfing, zeigten sich die Wirkungen:
Ich stelle Fragen mit meinen Bildern,
ich versuche, Diskussionen zu entfachen,
die zu Lösungsvorschlägen führen.
Ich glaube nicht an schnelle Lösungen.
Aber es gibt nur eine Menschheit.
Wir müssen Lösungen für sie finden.
Es ist wichtig, daß die Leute das Problem-
bewußtsein für andere nicht verlieren,
nur weil es ihnen selbst gut geht. Ich
habe ein gutes Auto, ein schönes Haus,
meine Kinder gehen auf gute Schulen,
ich esse gerne gut. Das ist nichts Böses.
Aber wir müssen uns auch um die
anderen kümmern. Wir müssen uns
selbst retten; uns, die menschliche
Rasse. Wir sind in großer Gefahr. Aber
wir können den Lauf der Dinge ändern.
Sie mögen sagen, daß dies etwas zu
idealistisch klingt – aber das ist mein
Credo. Wer nichts tut, erreicht nichts.

Auf dem ausgetrockneten Faguibine-See, Mali, 1985

Bilder von Orten wie der Sahel-Zone mache ich in der Hoffnung, damit Problem-
bewußtsein zu wecken – von gewaltigen Problemen. Bei Wanderausstellungen
meiner Bilder gehe ich lieber in Industrie- und Handelskammern als in Museen.
Wichtig ist mir allein, daß die Leute die Bilder sehen und darüber sprechen. Sie
bekommen Einsicht in das Leben ihrer Mitmenschen. Meine Bilder verstehe ich
nicht als Kunstobjekte. Sie sind Fotojournalismus. Alle – ohne Ausnahme. Sie
werden in der Presse veröffentlicht. Wenn sie anschließend ausgestellt werden,
hoffe ich, daß sie Diskussionen auslösen. Wenn jemand Bilder von mir kaufen will,
um so besser. Mit dem Geld bediene ich meine Unterstützungsfonds. Ich war insgesamt fünfzehn Monate in der Sahel-Zone. Für einen so langen Zeitraum erhält
man keinen bezahlten Auftrag.

Außenbezirk von Guatemala City, Guatemala, 1978

Was heißt reich? Manchmal sagen mir die Leute: „Sebastião, du nimmst zu viel Elend
auf." Ich nehme Leute auf, die weniger mit materiellen Gütern gesegnet sind als
andere. Elend ist menschlich, es ist auch ein Bewußtseinszustand. Elend beschränkt
sich nicht auf das Fehlen materieller Güter. Manche Völker sind reicher als andere.
Das Volk von Bangladesch hat ein reiches Kulturerbe, es hat gute Maler, Musiker,
Schriftsteller und auch Fotografen … wir sind da nicht besser. Wir haben mehr
materielle Güter. Sie haben mehrere tausend Jahre Geschichte. Ich habe in New
York und an anderen Stätten der sogenannten modernen Gesellschaft Menschen
getroffen, die eigentlich ärmer sind als die hungernden Menschen in der Sahel-
Zone. Man sieht sie hungern, aber sie haben Hoffnung, und sie sind nicht einsam.
Sie gehören zusammen. Bei uns sieht man viel Einsamkeit auf den Straßen. Viel
Hoffnungslosigkeit. Dies ist eine Folge unserer wirtschaftlichen Entwicklung; Familien
und Gemeinwesen brechen in der Verstädterung auseinander. Man lebt allein in der
Stadt, vielleicht holt man sich gerade noch einen Teil seiner Familie nach. Menschen
kommen an und finden keine Arbeit in ihrem Beruf. Sie müssen sich etwas anders
suchen. Sie verlieren ihre Würde. Werte ändern sich. Der Pyramidenaufbau mit
seinen verschiedenen Generationsstufen einer Familie vom Ältesten bis zum Jüngsten
verliert sich in der Stadt. Wichtig ist allein, wer das nötige Geld verdient, um die
Familie zu ernähren und damit auch zu führen. Die Macht des Geldes hat die
Familienstrukturen verändert.

Serra Pelada Mine, Brasilien, 1986

Woanders stellen sich ganz andere Fragen als bei uns. Woanders geht es um das Leben, um das Überleben. Viele Kinder sterben an Falsch- und Unterernährung. Sie schnüffeln an Klebstoffen, um das Hungergefühl zu betäuben. Kinder sterben in den Kinderbanden auf den Straßen. Die Leute dort denken mehr über diese Probleme nach als über die der Umwelt. Wenn dort ein Baum gefällt wird und wenn dadurch jemand Arbeit und Brot hat, ist das in Ordnung, denn der Mensch kommt vor dem Baum. Schützt man die Bäume, um damit auch die Menschen zu schützen, so muß zuvor das Problem des Überlebens gelöst sein. Es gibt großen Druck auf Brasilien, den Amazonasurwald nicht zu roden, weil er als Filter für die Umweltverschmutzung benötigt wird. Je mehr Kohlendioxyd wir produzieren, desto mehr solcher Filter brauchen wir in der südlichen Hemisphäre. Wir müssen also unsere Emissionen reduzieren und den Menschen dort helfen, wenn wir die Wälder schützen wollen. Wir dürfen nicht darüber nachdenken, was die Leute dort zu tun und zu lassen haben. Wir brauchen eine Gesamtstrategie. Wenn wir Probleme nicht weltweit lösen, wird die Migration von Menschen aus den unterentwickelten Ländern in die Industriestaaten weitergehen. Wir müssen weltweit entwickeln und investieren. Der Bevölkerungszuwachs muß gebremst werden. Die Weltbevölkerung hat sich in den letzten fünfzig Jahren von 3 auf 6 Milliarden verdoppelt. Und für alle muß das Leben besser werden. Wir mögen sagen: „Ist ja schon gut, aber wie wir uns hier in den USA, Frankreich, Deutschland und Japan entwickelt haben, ist alles andere als ideal." Natürlich ist es das nicht, aber es ist eine Entwicklung. Es ist ein Weg, den auch die Entwicklungsländer einschlagen müssen. Es ist immer noch besser als völlig abgehängt zu werden und in die Steinzeit zurückzufallen. Wir müssen diese Entwicklung akzeptieren und gerechter mit den Ländern umgehen, die unsere Rohstofflieferanten sind. Denn der Preis für Rohstoffe der Dritten Welt ist über die Jahre hinweg nur gesunken, während die Preise für die Industrieprodukte laufend steigen. Wir brauchen den Wissenstransfer bei Unterricht, Technik, Bergbau und Landwirtschaft. Wir müssen den armen Völkern zeigen, wie sie sich durch bessere Produktionsmethoden selbst versorgen können. Diese Techniken müssen wir ihnen beibringen. Und wir müssen dort selbst investieren, um Arbeitsplätze zu schaffen. Der Amazonas wird zerstört, weil dort Millionen von Menschen um ihr Überleben kämpfen.

Feierabend bei der Zuckerrohrernte, Kuba, 1988

Mit all den neuen Technologien werden sich die Produktionsverfahren in der ganzen
Welt völlig verändern. Ich möchte daher die Handarbeit dokumentieren, eine im
Aussterben begriffene Arbeitsweise. Ich habe Fotos vom Ende des klassischen Indu-
striezeitalters gemacht. Ich habe zum Beispiel Autofabriken in Indien, der früheren
Sowjetunion und in China fotografiert, wo man die Autos noch so herstellte, wie vor
vielen Jahren in den USA. Mit dem Elektronikzeitalter verändert sich diese Welt
rapide. Ich habe Fotos von Arbeitern auf Ölfeldern, in der Landwirtschaft, in den
brasilianischen Minen und auf dem Bau gemacht. Inzwischen haben Maschinen viele
dieser Arbeiten übernommen. Heute produzieren wenige Maschinen mehr als früher
Tausende von Arbeitern; die Menschen ballen sich in den Städten zusammen; die
Einkommen verteilen sich immer ungleichmäßiger; wir durchleben eine Revolution
in einem ähnlichen Ausmaß wie seinerzeit beim Schritt vom Mittelalter in die
Neuzeit des fünfzehnten Jahrhunderts. Der Unterschied ist, daß wir heute sechs
Milliarden sind und über modernste Kommunikationstechniken verfügen. Weil wir
mittendrin sind, bemerken wir diese Revolution gar nicht. Erst wenn man viel in den
verschiedensten Regionen dieser Erde unterwegs ist, beginnt man, die Zusammen-
hänge zu erkennen. Fünf, höchstens zehn Prozent der Menschheit kontrolliert die
restliche Welt. Wir bewegen uns in Richtung einer gewaltigen Bürokratie – einer
Finanzbürokratie –, die die Welt beherrscht. Es geht nicht um Regierungen. Frank-
reich wird heute vollständig von Versicherungsgesellschaften, Banken und dem Big
Business beherrscht. Und so ist das überall. Große Unternehmen beherrschen die
Regierung, die Armee, überhaupt alles. Alles was man will, ist der liberalisierte
Handel, damit man überall seine Gewinne einfahren kann. Heute sind wir in der
Gesellschaft angekommen, für die wir uns vor hundert Jahren entschieden haben.
Wir dienen dem Götzen Kapital.

Flüchtling, ehemaliges Jugoslawien, 1994

Alles verändert sich, auch unsere Sicht des Weltgeschehens. Ich hatte an eine Evolution nach vorn geglaubt, an eine grundsätzlich positive Entwicklung der Menschheit. Ruanda hat mir gezeigt, daß es auch umgekehrt sein kann, daß die Evolution in Destruktion mündet. Ich habe erstmals im Mai 1994 beim ruandischen Volk gearbeitet, und zwar in einem Flüchtlingslager nahe der tansanischen Grenze. Später kam ich noch zweimal nach Ruanda und sah, wie sich dieses Volk, diese gleichen Hutu und Tutsi veränderten. Sie hatten sich völlig an Gewalt, Tod und Zerstörung gewöhnt. Das Gleiche erlebte ich in Bosnien. Als der Konflikt ausbrach, erschien es fast unmöglich, Kinder in die Schule zu bringen, während der Nachbar auf sie schießt. Für Mütter war es schwierig, zu wissen, daß die Schule weiterging und ihr Kind dorthin sollte, daß dies aber nur unter Lebensgefahr möglich war. Die Kinder krochen unter Autos und an den Wänden entlang, um zur Schule zu kommen. In den Familien herrschte Angst. Aber schon zwei Monate später hatten sie sich an diese Lebensweise gewöhnt. Und nach sechs Monaten wurde sie zum Normalzustand. „Auf Wiedersehen, Mutter, ich gehe jetzt in die Schule." „Alles klar, Kleines, bis bald." Und sie gingen über die Straßen, obwohl die Kugeln an ihnen vorbeipfiffen. Wir können uns anpassen – ähnlich wie auch die Tiere. Wir können uns an alle Lebenssituationen anpassen – an ein gewalttätiges Leben, an ein Sanftes, an ein Schönes. Und doch zweifle ich daran, ob wir überleben können. Denken wir an die Dinosaurier, die nach Millionen von Jahren vor 100 Millionen Jahren ausgestorben sind. Sie verschwanden aus irgendwelchen Gründen. Das kann uns auch passieren. Heute gibt es den AIDS-Virus. Falls einmal drei oder vier solcher Viren zusammenkommen, kann dies unseren Untergang bedeuten. Die See um Djakarta in Indonesien ist völlig vergiftet. Das Grundwasser in Saõ Paulo, Brasilien, ist so verschmutzt, daß die Stadt ihr Trinkwasser aus einer Entfernung von achtzig Kilometern heranholen muß. Ich habe viel in Bombay gearbeitet und kenne die dortigen Umweltverschmutzungen. Indem wir das empfindliche Gleichgewicht der Natur stören – und dabei auch noch die Ozonschicht schädigen – gehen wir große Risiken ein.

Peter Lindbergh

Ich fing 1972/73 als Assistent mit meiner Fotokarriere an. Es machte mir Spaß, obwohl ich anfangs keine Ahnung davon hatte. Hans Lux, der mich in die Geheimnisse der Atelierfotografie einweihte, war der Freund eines Freundes und hatte die Assistentenstelle ausgeschrieben. Er zeigte mir die Balcar-Blitzgeräte in seinem Studio und ich erinnere mich über meine Verwunderung, wie er diese Lichteffekte benutzte. Ich fragte ganz unschuldig: „Was machen Sie denn mit diesen vielen Blitzlichtern?" Es ging sehr leger zu. Er marschierte mit Flossen durch das Studio, und es gab ein Flipperspiel. Ich konnte die Motive arrangieren und erste Polaroids davon machen, und Hans sagte dann: „Okay, stell es noch ein bißchen um." So faßte ich bald Zutrauen zu mir selbst. Damals stand ich am Anfang einer Künstlerlaufbahn. Ich stellte aus und hatte interessante Kontakte, aber ich fühlte, daß dies nicht mein Leben werden würde. Ich besuchte in Deutschland die Akademie der schönen Künste und kam mit meiner Malerei zu dem, was man heute „concept art" nennt. Schließlich arbeitete ich mit Computern, mit denen ich alle Motive entwickeln konnte. Ich brauchte nichts mehr zu malen und an die Wand zu hängen – ich hatte lediglich den Computer mit allen möglichen Elementen und Kombinationen zu füttern.
Dieses Spiel war mir aber zu theoretisch. Ich wollte etwas mit meinen Händen schaffen und unter die Leute kommen. Während meiner letzten sechs Monate bei Hans richtete ich mir in Düsseldorf ein Dachstudio von dem Geld ein, was ich bei ihm verdient hatte. Ich kaufte

Balcar Akkus und Blitze. Ich wollte Werbefotograf werden. Etwas anderes hatte ich nicht gelernt. Während meiner Assistentenzeit hatte meine Frau für einen Agenten von Helmut Newton gearbeitet. Dadurch hatte sie sich gute Kontakte aufgebaut, und sie eröffnete zusammen mit einer Freundin eine eigene Agentur. Sie legten meine eigenen Erstlingswerke mit denen ihrer Fotografen vor – sie hatten Fotografen wie John Bishop aus London unter Vertrag – und so kam ich allmählich zu Aufträgen für Inserate. Eine meiner ersten Werbekampagnen war für Samson, den Tabak, den man selbst zur Zigarette dreht. Wir gingen nach Amsterdam. Wir suchten Leute auf der Straße, die sich gerade eine Zigarette drehten und knipsten sie einfach. Sie gaben die Bilder für etwas Geld zur Veröffentlichung frei, und wir kamen mit einigen wirklich guten Porträts zurück. Wir hatten Reportage- und keine Studioaufnahmen gemacht. Gestellte Bilder sind dumm. Nach ungefähr vier Jahren rief mich Willy Fleckhaus, seinerzeit Herausgeber des *Twen*, an. Nach der Einstellung von *Twen* fragte er mich: „Ihre Bilder sind sehr redaktionell. Wollen Sie für mich arbeiten und Stories liefern? Ich gebe Ihnen zehn Seiten in *Mode & Wohnen* für eine Story über Kenzo. Das war 1977, als ich noch in Deutschland war. Es war ein Riesending, für Fleckhaus arbeiten zu dürfen, der eine Art deutscher Brodovitch war.

Comme des Garçons (Katalog), 1988

Ich wurde 1944 geboren – ein Jahr vor Kriegsende. Ich hatte eine glückliche
Kindheit. Aber wir spielten immer vor Fabriken, deren Kamine dauernd Rauch und
Schmutz ausstießen. Jeden Morgen mußte meine Mutter den Dreck von den Fenster-
bänken fegen. Fabrikbilder gehören zu meinen Lieblingsthemen; sie wirken intensiv
und deuten auf meine Ursprünge zurück. Wo ich herkomme, sah es so aus. Es gab
die unglaublichsten Maschinen. Ich bin aus Duisburg – Schwerindustrie, so ähnlich
wie Pittsburgh. Von dort her ist das Bild inspiriert. Als Kinder spielten wir immer
in solchen Gegenden. Diese große, rauchende Maschine stand in Nancy in Frankreich. Comme des Garçons ist eine völlig freie Arbeit. Es gab nicht mal eine Layout-
diskussion. Rei sagte nur: „Dafür bin ich zuständig. Mach du nur deine Bilder." Rei
Kawakubo war der Urheber dieser Art von Katalogen. Nach drei oder vier Jahren
hatte dann jede Firma ihren eigenen Katalog.

Kristin McMenamy, Marrakesch, Marokko,
Französische Vogue, 1990

Während einer kurzen Zeitspanne fotografierte ich mit einer 8 x 10 Kamera, aber sie
ist zu kompliziert, man muß sich zu sehr mit ihrer Technik befassen. Das bedeutet zu
viel Aufwand und Zeitverlust. Dennoch war es eine großartige Erfahrung. Heute
arbeite ich mit Nikons und einer Pentax 6 x 7. Im Atelier arbeite ich ausschließlich
mit Leuchten. Ein Blitzgerät habe ich schon zehn Jahre lang nicht mehr angefaßt.
Draußen arbeite ich immer mehr im Stil der Reportage. Ich hänge mir die Kamera
um den Hals, stecke ein paar Rollen Film ein und gehe mit meinem Modell einfach
spazieren. Das vermeidet den Eindruck gestellter Modefotografien.

Italienische Vogue, *März* 1990, *Mode: Versace*

Die Idee für diese Story kam mir im Wartezimmer meines Zahnarztes; ich stieß dort
auf ein UFO-Magazin und vertiefte mich darin. Die Armee hatte etwas eingefangen,
ein Pilot war verschwunden – das waren die Stories in diesem Magazin. Ich wollte so
etwas ähnliches machen und schlug es Franca Sozzani, der Herausgeberin der italie-
nischen *Vogue* vor. Sie war begeistert. Wir holten uns diese kleine Frau für die Rolle
eines männlichen ET. Ich wollte eine Liebesgeschichte mit ihnen machen. ET sollte
mit seinem UFO in einem verlandeten See abgestürzt sein. Die ganzen Flugzeugteile
erhielten wir von dem kleinen Flugplatz in der Mojave-Wüste. Sie stammten von
Flugzeugen, die für Filme in die Luft gesprengt wurden. Wir streuten sie aus, um
den Absturz zu simulieren. Die Geschichte geht mit einem Foto vom St. James Club
am Sunset Boulevard los, in welches die UFOs in Spritztechnik eingefügt wurden. Im
nächsten Bild entdeckt Helena Christensen den „Kleinen Mann", der nur dasitzt.
Danach bringt sie ihn zu ihrem Mobile Home in der Wüste. Im letzten Bild sieht
man Helena von hinten, und der Marsianer dreht sich weinend um, sagt „Adieu"
und verschwindet im Raum. In diesem Stil bin ich eine Art spezieller Modefotograf.
Zu anderen Fotografen sagen die Redakteure: „Wir brauchen zehn Bilder von
diesem neuen Modell." Sie gehen die Sache anders an, nämlich vom Modell aus.
Mein Ausgangspunkt ist die Fotografie, und sie geben mir die dazu passende Mode.
Ich komme mehr von einer Grundidee her zur redaktionellen Modestory, und dann
gibt mir der Herausgeber die dazu passenden Modelle. ... Sie lebt in einem Mobile
Home ... dazu kann man sich ein Abendkleid und alles mögliche andere denken.
Solche Geschichten kann man natürlich nicht immer machen. Diese Art
Modefotografie ist eine Art Luxus. Versteift man sich darauf, wird man bald mit den
Modezeitschriften über Kreuz kommen und seine Aufträge verlieren. Also muß man
von beidem etwas liefern.

Linda Evangelista und Hugh Grant, New York, 1992

Kate Moss, Harper's Bazaar, *Arles, Frankreich,* 1994

Zu allen Zeiten – in jeder Dekade – gibt es ein bestimmtes Bild der Frau, hat sie ihren eigenen Ausdruck. Die Supermodels haben eine zeitlang einen bestimmten Typus dargestellt. Als ich in den Siebzigern begann, konnte ich mich nicht mit dem Bild identifizieren, das sich die amerikanische *Vogue* von der Frau machte – perfektes Make-up, perfekte Frisur, perfekte Bekleidung und immer in der schönsten aller Wohnungen. Für die aufgestylte Frau habe ich mich nie interessiert. So ist eine Frau für mich nicht. Ich mache Frauen nicht häßlich, aber ich putze sie auch nicht übermäßig heraus. Ich schaue nach Persönlichkeiten, nicht nach Schönheiten. Natürlich ist die Bekleidung für die Mode wichtig, aber eine Frau sollte ein Kleid tragen, und nicht umgekehrt. Solange die Modelle in Ordnung sind, gibt es keine Probleme. Sind sie es nicht, wird das Fotografieren sehr schwierig. Egal, ob ich Models, Frauen oder sonst wen fotografiere: das Gesicht, die Persönlichkeit interessiert mich am meisten.

Ausgewählte Bibliographie

Abbott, Berenice. *The World of Atget*. New York: Paragon Books, 1979.

Adams, Ansel. *Ansel Adams: An Autobiography*. Boston: New York Graphic Society, 1985.

Aperture Foundation. *Aperture Masters of Photography: Manuel Alvarez Bravo*. New York: Aperture, 1997.

———. *India: A Celebration of Independence 1947 to 1997*. Essay by Victor Anant. New York: Aperture, 1997.

———. *Martin Munkacsi: An Aperture Monograph*. New York: Aperture, 1992.

———. *Aperture Masters of Photography: Henri Cartier-Bresson*. New York: Aperture, 1987.

Arnold, Eve. *In Retrospect*. New York: Alfred A. Knopf, 1996.

———. *Women to Women*. Tokyo: Japan Professional Photographic Society, in conjunction with Inge Morath, 1996.

———. *The Great British*. New York: Alfred A. Knopf, 1991.

———. *All in a Day's Work*. New York: Bantam Books, 1989.

———. *Private View: Mikail Baryshnikov American Ballet Theatre*. New York: Bantam Books, 1989.

———. *Marilyn Monroe: An Appreciation*. New York: Alfred A. Knopf, 1987.

———. *In America*. New York: Alfred A. Knopf, 1983.

———. *In China*. New York: Alfred A. Knopf, 1980.

———. *Flashback! The 50s*. New York: Alfred A. Knopf, 1978.

———. *The Unretouched Woman*. New York: Alfred A. Knopf, 1976.

Bendavid-Val, Leah. *National Geographic: The Photographs*. Washington, D.C.: National Geographic, 1994.

Boubat, Edouard. *It's a Wonderful Life*. New York: St. Martin's Press, 1997.

Brown, Joseph Epes, ed. *The North American Indians: Photographs by Edward S. Curtis*. New York: Aperture, 1972.

Brown, Turner, and Elaine Partnow. *Macmillan Biographical Encyclopedia of Photographic Artists and Innovators*. New York: Macmillan, 1983.

Bush, Martin. *The Photographs of Gordon Parks*. Wichita, Kan.: Wichita State University, 1983.

Capa, Robert. *Fotografien*. Frankfurt/M.: Zweitausendeins, 1996.

Cartier-Bresson, Henri. The Decisive Moment. New York: Simon and Schuster, 1952.

Charbonnier, Jean-Philippe. *Jean-Philippe Charbonnier—Photographs*. Paris: Musée d'Art Moderne de la Ville de Paris, 1983.

Conner, Ken, and Debra Heimerdinger. *Horace Bristol: An American View*. San Francisco: Chronicle Books, 1996.

Danziger, James, and Barnaby Conrad III. *Interviews with Master Photographers*. New York: Paddington Press, 1977.

Deedes-Vincke, Patrick. *Paris: The City and Its Photographers*. Boston: Bulfinch Press, 1992.

Eisenstaedt, Alfred. *Eisenstaedt Remembrances*. Edited by Doris C. O'Neil. Boston: Bulfinch Press, 1991.

———. *Eisenstaedt on Eisenstaedt*. New York: Abbeville Press, 1985.

Erwitt, Elliott. *Geschlechtertanz*. Zürich: Scalo Zürich, 1994.

———. *The Angel Tree: A Christmas Celebration*. New York: Harry N. Abrams, 1993.

———. *Elliott Erwitt: Unter Hunden*. Zürich: Scalo Zürich, 1992.

———. *Elliott Erwitt: On the Beach*. New York: W. W. Norton, 1991.

———. *Elliott Erwitt: Personal Exposures*. München: Schirmer/Mosel, 1997.

———. *Recent Developments*. New York: Simon & Schuster, 1978.

———. *Elliott Erwitt: The Private Experience*. New York: T. Y. Crowell, 1974.

———. *Son of Bitch*. New York: Viking/Compass, 1974.

———. *Observations on American Architecture*. New York: Viking Press, 1972.

Feininger, Andreas. *Andreas Feininger: Photographer*. New York: Harry N. Abrams, 1986.

———. *Total Photography*. New York: Amphoto, 1982.

———. *Industrial America*. New York: Dover Publications, 1981.

———. *Feininger's Chicago*. New York: Dover Publications, 1980.

———. *Feininger's Hamburg*. Düsseldorf: Econ Verlag, 1980.

———. *New York in the Forties*. Weingarten: Kunstverlag Weingarten, 1995.

———. *Light and Lighting in Photography*. New York: Amphoto, 1976.

———. *Roots of Art*. New York: Viking Press, 1975. Reissued as *Nature and Art*. New York: Dover Publications, 1983.

———. *The Perfect Photograph*. New York: Amphoto, 1974.

———. *Andreas Feininger*. Text by Ralph Hattersley. Dobbs Ferry, N.Y.: Morgan and Morgan, 1973.

———. *Photographic Seeing*. Englewood Cliffs, N.J.: Prentice-Hall, 1973.

———. *Principles of Composition in Photography*. New York: Amphoto, 1973.

———. *The Color Photo Book*. New York: Prentice-Hall, 1969.

———. *Forms of Nature and Life*. New York: Viking Press, 1966.

———. *New York*. Text by Kate Simon. New York: Viking Press, 1964.

———. *The World Through My Eyes*. New York: Crown Publishers, 1963.

———. *Maids, Madonnas, and Witches*. Text by Henry Miller and J. Bon. New York: Harry N. Abrams, 1961.

———. *Changing America*. Text by Patricia Dyett. New York: Crown Publishers, 1955.

———. *The Face of New York*. Text by Susan E. Lyman. New York: Crown Publishers, 1954.

———. *Feininger on Photography*. New York: Ziff-Davis, 1949. Reprint, New York: Crown Publishers, 1953.

Fiedler, Jeannine, ed. *Photography at the Bauhaus*. Cambridge, Mass.: The MIT Press, 1990.

Foresta, Merry A., and William F. Stapp. *Irving Penn, Master Images: The Collections of the National Museum of American Art and the National Portrait Gallery*. Washington, D.C.: Smithsonian Press, 1990.

Frank, Robert. *Die Amerikaner*. Zürich: Scalo Zürich, 1993.

Fulton, Marianne. *Mary Ellen Mark, 25 Years*. Boston: Bulfinch Press, 1992.

Galassi, Peter. *Amerikanische Photographie 1890–1965. Aus der Sammlung des Museum of Modern Art, New York*. München: Schirmer/Mosel, 1995.

Gernsheim, Helmut. *A Concise History of Photography*. New York: Dover Publications, 1986.

Goldberg, Vicki. *The Power of Photography: How Photographs Changed Our Lives*. New York: Abbeville Press, 1991.

———. *Margaret-Bourke White*. New York: Harper and Row, 1986.

Greenough, Sarah. *Paul Strand: An*

American Vision. New York: Aperture, 1990.

Hambourg, Maria Morris, and Christopher Phillips. *The New Vision: Photography Between the World Wars.* New York: Museum of Modern Art and Harry N. Abrams, 1989.

Harrison, Martin. *Appearances: Fashion Photography since 1945.* New York: Rizzoli, 1991.

Hill, Paul, and Thomas Cooper. *Dialogue with Photography.* Manchester, England: Cornerhouse Publications, 1994.

Horvat, Frank. *Entre Vues.* Paris: Editions Natan, 1990.

Hosoe, Eikoh. *Eikoh Hosoe: META.* New York: International Center of Photography, 1991.

———. *Photography: The World of Eikoh Hosoe* Ito, Japan: Ikeda Museum of 20th Century Art, 1988.

———. *Eikoh Hosoe: Untitled #42.* Carmel, Calif.: Friends of Photography, 1986.

———. *Barakei (Ordeal by Roses).* New ed. New York: Aperture, 1984.

———. *The Cosmos of Gaudi.* Tokyo: Shueisha, 1984.

———. *Human Body.* Tokyo: Nihon Geijutsu Shuppan, 1982.

———. *Kamaitachi* Tokyo: Gendai Shichosha, 1969.

———. *Man and Woman.* Tokyo: Camera Art Publications, 1961.

Hughes, Jim. *W. Eugene Smith: Shadow and Substance: The Life and Work of an American Photographer.* New York: McGraw-Hill, 1989.

Hunter, Peter. *Erich Salomon.* New York: Aperture, 1978.

Johnson, Brooks. *Photography Speaks II.* New York: Aperture/Chrysler Museum of Art, 1995.

———. *Photography Speaks.* New York: Aperture/Chrysler Museum of Art, 1989.

Kismaric, Carole, and Marvin Heiferman. *Talking Pictures: People Speak about the Photographs That Speak to Them.* San Francisco: Chronicle Books, 1994.

Lacayo, Richard, and Russell Lacayo. *Eyewitness: 150 Years of Photojournalism.* New York: Time Books, 1995.

Leibovitz, Annie. *Photographien 1970–1990.* München: Schirmer/Mosel, 1991.

Lemagny, Jean-Claude, Alain Sayag, and Agnés de Gouvion Saint-Cyr. *Twentieth Century French Photography.* New York: Rizzoli, 1988.

Life: The First 50 Years, 1936–1986. Boston: Little, Brown, 1986.

Lindbergh, Peter. *Ten Women.* München: Schirmer/Mosel, 1996.

Mark, Mary Ellen. *Streetwise.* New York: Aperture, 1988.

Marling, Karal Ann, and John Wetenhall. *Iwo Jima: Monuments, Memories, and the America Hero.* Cambridge, Mass.: Harvard University Press, 1991.

Museum of Photographic Arts. *Revelaciónes: The Art of Manuel Alvarez Bravo.* Albuquerque: University of New Mexico Press, 1992.

Mydans, Carl. *Carl Mydans, Photojournalist.* New York: Harry N. Abrams, 1985.

Naef, Weston. *The J. Paul Getty Museum Handbook of the Photographs Collection.* Malibu, Calif.: J. Paul Getty Museum, 1995.

Newhall, Beaumont. *Geschichte der Photographie.* München: Schirmer/Mosel 1982.

Newhall, Nancy. *The Daybooks of Edward Weston.* 2 vols. New York: Aperture, 1973.

Newton, Helmut. *Archives de nuit.* München: Schirmer/Mosel, 1993.

———. *Helmut Newton: Private Property.* München: Schirmer/Mosel, 1989.

———. *Porträts Bilder aus Europa und Amerika.* München: Schirmer/Mosel, 1987.

Norman, Dorothy. *Alfred Stieglitz: An American Seer.* New York: Aperture, 1990.

Parks, Gordon. *Half Past Autumn.* Boston: Bulfinch Press, 1997

———. *Arias in Silence.* Boston: Bulfinch Press, 1994.

———. *Voices in the Mirror.* New York: Doubleday, 1990.

———. *The Learning Tree.* New York: Harper and Row, 1963.

Riboud, Marc. *Marc Riboud: Photographs at Home and Abroad.* New York: Harry N. Abrams, 1988.

Ritts, Herb. *Herb Ritts Werk.* München: Knesebeck, 1996.

———. *Africa.* Boston: Bulfinch Press, 1994.

———. *Notorious.* Boston: Bulfinch Press, 1992.

Rosenblum, Naomi. *A World History of Photography.* New York: Abbeville Press, 1989.

Salgado, Sebastião. *Terra: Struggle of the Landless.* London: Phaidon Press Limited, 1997.

———. *Arbeiter.* Frankfurt/M.: Zweitausendeins, 1993.

———. *An Uncertain Grace.* Essays by Eduardo Galeano and Fred Ritchin. New York: Aperture, 1990.

Sieff, Jeanloup. *Sieff Retrospective.* Köln: Taschen, 1996.

Sobieszek, Robert A. *The Art of Persuasion: A History of Advertising Photography.* New York: Harry N. Abrams, 1988.

———. *Masterpieces of Photography from the George Eastman House Collections.* New York: Abbeville Press, 1985.

Sontag, Susan. *Über Fotografie.* München: Hanser 1989.

Szarkowski, John. *Looking at Photographs.* New York: Museum of Modern Art, 1976.

Tokyo Metropolitan Museum of Photography. *Innovation in Japanese Photography in the 1960s.* Tokyo: Tokyo Metropolitan Culture Foundation, 1991.

———. *Japanese Photography in the 1970s: Memories Frozen in Time.* Tokyo: Tokyo Metropolitan Culture Foundation, 1991.

———. *The Rise of Japanese Photography.* Tokyo: Tokyo Metropolitan Culture Foundation, 1991.

Biographische Notizen

Eve Arnold
geb. 1913

Die in Philadelphia als Tochter russischer Emigranten geborene Eve Arnold schaffte in den Fünfzigern mit einfühlsamen Menschenbildern für *Look* und *Life* den Durchbruch. Ihre Fotoessays und Prominentenporträts zeugen von ihrer Fähigkeit, ihren Sujets jegliche Befangenheit zu nehmen. Ihr Werk vermittelt ein Gefühl von Intimität. Sie vermeidet physische und psychologische Hemmungen, indem sie mit minimaler technischer Ausrüstung und häufig bei natürlichen Lichtverhältnissen fotografiert. Ihr einziger Lehrgang in der Fotografie war ein sechswöchiger Kurs bei Alexey Brodovitch an der neuen New Yorker School for Social Research; damals ging sie im Rahmen einer Klassenarbeit nach Harlem, um dort Modeschauen zu fotografieren. „Es war so etwas wie ein Protest gegen den von den Weißen beherrschten Handel in New York", erzählt sie über diesen in der englischen *Picture Post* erschienenen Fotoessay. Die Qualität dieses ersten veröffentlichten Werkes brachte ihr die Einladung, sich der Fotoagentur Magnum anzuschließen. Sie hat mehrere Bücher gemacht, darunter das preisgekrönte *In China*. Das 1980 veröffentlichte Buch ist das Ergebnis einer dreimonatigen, 60.000 Kilometer langen Reise durch den bevölkerungsreichsten Staat der Erde. Es zeigt die Anstrengungen des Volkes, sich von Jahrzehnten maoistischer Unterdrückung zu lösen. Zusätzlich zu ihren Büchern und den Arbeiten für die Zeitschriften hat sie „Specials" zu 31 Filmen fotografiert, darunter *Die Bibel, Der Mann, der König sein wollte, Unter dem Vulkan, Ein Mann zu jeder Jahreszeit, Der große Eisenbahnraub* und *Nicht gesellschaftsfähig*; für den letztgenannten Film war sie während der Dreharbeiten zwei Monate lang mit Marilyn Monroe zusammen. Neben vielen anderen Ehrungen erhielt sie 1995 vom International Center of Photography den Titel Master Photographer. Im gleichen Jahr wurde sie in die Royal Photographic Society aufgenommen.

Edouard Boubat
geb. 1923

Eduoard Boubat studierte zwar nicht die Fotografie, er war aber von 1938 bis 1942 an der Ecole Estienne in Paris und lernte dort Buchdruck, Design und Typografie; dadurch schulte er sein Auge auf die Klarheit von Linien und Bildaufbau. Das Fotografieren und Vergrößern brachte er sich selbst bei, und er benutzte dabei sein Badezimmer als Dunkelkammer. Mit dem Ende des Zweiten Weltkrieges tauchte Boubat wie viele seiner Kollegen aus dessen Ruinen auf, und er füllte die Seiten der Zeitschriften und Bücher des kriegsmüden Europa mit lange entbehrten Bildern voller Hoffnung, Humor und Mitgefühl. Boubats persönliche Sicht der joie de vivre beschränkte sich aber nicht auf Paris, sondern griff weit über die Grenzen Frankreichs hinaus. Er bereiste die Welt – meist im Auftrag des französischen Monatsblattes *Réalités* – von Brasilien bis Schweden und von Vietnam bis Kenia. Auf seinen Reisen verbreitete er um sich herum eine Aura der Ruhe, egal welche Grenzen er überschritt und welche Sprachbarrieren sich ihm entgegenstellten. Obwohl seine Bilder oft subtil wirken, blieben sie von Anfang an nicht unbeachtet. Er erhielt 1947 auf der Ausstellung in der Bibliothèque Nationale den Kodak-Fotopreis und war 1951 in der berühmten Pariser Galerie La Hune auf einer Gemeinschaftsausstellung mit Brassaï, Robert Doisneau, Facchetti und Izis vertreten. Der künstlerische Leiter von *Réalités*, Bertie Gilou, sah Boubats Arbeiten auf dieser Ausstellung und machte Boubat zum Mitarbeiter des Magazins, für das er bis 1965 Beiträge lieferte. Weitere Preise waren 1977 der Grand Prix du Livre auf dem Arles Photo Festival und 1984 der Grand Prix National de la Photographie. Der Dichter Jacques Prévert faßt in der Einführung zu einem der Bücher Boubats dessen Arbeitsweise zusammen: „Wo die Reporter überall sonst als Chronisten des Unheils von Gemetzeln berichten, sucht und findet Boubat in der nächsten Nachbarschaft ebenso wie in den entferntesten Ländern und den größten Wüsteneien seine Oasen. Er ist ein Botschafter des Friedens."

Manuel Alvarez Bravo
geb. 1902

Manuel Alvarez Bravo besuchte als Junge oft das historische und anthropologische Museum in Mexiko Stadt mit seiner eindrucksvollen Kunstsammlung aus der Zeit vor der spanischen Eroberung; europäische Kunst konnte er sich im San Carlos Museum ansehen. Beides sollte später großen Einfluß auf sein Werk haben. Während der mexikanischen Revolution mußte er die Schule verlassen. Mit Dreizehn begann er in einer Textilfirma zu arbeiten. Ein Jahr später, 1916, nahm er die erste einer Reihe von Anstellungen in der Verwaltung auf; unter anderem war er Assistent des Zahlmeisters im Heer, und später erhielt er eine Anstellung im Kultusministerium. 1918 studierte er Musik und Malerei an der Academia de San Carlos. Mit Hilfe verschiedener Fotomagazine, als technische Anleitungen, brachte er sich selbst das Fotografieren bei. 1927 begegnete er Tina Modotti, die ihn in das vibrierende Kunstleben des damaligen Mexiko einführte. Nachdem sie aus Mexiko ausgewiesen worden war, wurde er ihr Nachfolger als Fotograf der Kunstzeitschrift *Mexican Folkways*. Von 1929 bis 1930 lehrte er Fotografie an der San Carlos Escuela Central de Artes Plasticas. 1931 wurde er freiberuflicher Fotograf. Obwohl er selbst seine Arbeiten eher als phantasievoll und nicht als surreal einschätzte, beauftragte André Breton ihn 1938 mit einer surrealistischen Aufnahme für eine Ausstellung. Das Ergebnis war *La buena fama durmiendo*. 1943 ging er zum Film und arbeitete bis 1959 meist als Kameramann. 1959 wurde er Gründungsmitglied des Fondo Editorial de la Plasticas Mexicana für Fotografie und Schöne Künste. Viele bekannte zeitgenössische Kunstfotografen wie Graciela Iturbide, Flor Garduno und Rafael Donz haben unter Bravo die einheimische Kunst in Mexiko dokumentiert.

Horace Bristol
geb. 1908

Der am 16. November 1908 in Whittier, Kalifornien geborene Horace Bristol wuchs in einer Verlegerfamilie auf, die die Lokalzeitung *Santa Ana Blade* herausgab. Später zog er nach Santa Paula, wo sein Großvater eine andere Zeitung aufgekauft hatte. Nachdem er am neu gegründeten Art Center in Los Angeles Fotografie studiert hatte, zog Bristol während der Depression in den Dreißigern mit seiner Familie auf der Suche nach Arbeit nach San Francisco. Wie die anderen Fotografen auch, nahm er damals jedes Angebot an. Da er aber mit Zeitungsleuten aufgewachsen war, identifizierte er sich von Anfang an mit dem Journalismus. Er eröffnete ein kleines Dachatelier in der Stadtmitte, nahe dem St. Francis Hotel; ganz in der Nähe hatte auch Ansel Adams seine kleine Galerie, und er machte ihm ab und zu Konkurrenz im Anzeigengeschäft.

Während er Korrespondent bei *Time* und einigen anderen Zeitschriften war, erhielt er auf Empfehlung des *Time*-Bürochefs von San Francisco eine Anstellung bei *Life*. Die Arbeiten seiner Kollegin Dorothea Lange für die Farm Security Administration über die Wanderarbeiter beeindruckten in sehr, und so schlug Bristol *Life* eine Story über die Menschen vor, die mit falschen Versprechungen auf Arbeit aus dem verödeten Mittelwesten weggelockt worden waren. Nachdem er *In Dubious Battle* – John Steinbecks Buch über die Arbeitslosigkeit – gelesen hatte, versuchte er ihn als Partner für den Text zu den Fotografien zu gewinnen. Steinbeck entschloß sich aber letztlich, einen Roman daraus zu machen, der unter dem Titel *Früchte des Zorns* zum Welterfolg wurde. Bristols Fotos wurden für die Werbung zur Romanverfilmung eingesetzt, und *Life* brachte sie in einem Artikel zum Film.

Während des Zweiten Weltkrieges schloß sich Bristol den Marinefotografen unter Edward Steichen an und berichtete sowohl vom Atlantik wie vom Pazifik. Nach dem Krieg ließ Bristol sich mit seiner Familie in Japan nieder; er arbeitete als Korrespondent für verschiedene Zeitschriften und gründete später die East-West Fotoagentur in Tokio. Nachdem er den japanischen Fotografen Jun Miki kennengelernt hatte, der mit den damals im Ausland völlig unbekannten Nikon-Objektiven arbeitete, war er von der optischen Qualität dieser Produkte so beeindruckt, daß er und sein Freund David Douglas Duncan damit zu arbeiten und sie so im Ausland bekannt zu machen begannen. 1956 beging seine Frau Virginia aus Verzweiflung über eine schwere Operation Selbstmord. Ein Jahr später traf und heiratete er seine zweite Frau Masako, eine Bibliothekarin im Club der Auslandspresse. 1967 zog er mit seiner neuen Familie nach Guadaljara in Mexiko, und 1976 nach Ojay in Kalifornien.

Jean-Philippe Charbonnier
geb. 1921

Jean-Philippe Charbonnier wurde am 28. August 1921 in Paris geboren. Sein Vater war Maler, seine Mutter die Schriftstellerin Annette Vaillant. Er studierte Philosophie, Deutsch und Englisch und fing als Mitarbeiter des Dokumentarfilmers Sam Lévin an. 1941 arbeitete er in Lyon im Blanc & Demilly Fotostudio. Die zwei folgenden Jahre hielt er sich in der Schweiz auf. 1944 kehrte er als Layouter der Tageszeitung *Libération* nach Frankreich zurück. Im gleichen Jahr dokumentierte er mit seiner neuen Leica Summar F2 auf einem Kleinbildfilm den ganzen Ablauf der Hinrichtung eines Kollaborateurs in der Kleinstadt Vienne. Auch nach dem Kriegsende arbeitete er weiter für Zeitungen wie *France-Dimanche*, *Temps de Paris* und *Temps de France*. Im Januar 1950 trat er bei der Monatsschrift *Réalités* ein, was ihm die Möglichkeit zu Weltreisen unter der Devise „Menschlicher Fotojournalismus" gab; diese Tätigkeit endete erst 1974 mit der Einstellung der Zeitschrift. Seine Arbeit führte ihn durch die ehemalige Sowjetunion, nach Afrika, dem Mittleren Osten und Asien. Neben seinen redaktionellen Arbeiten erhielt er auch Werbe- und Lehraufträge.

Alfred Eisenstaedt
1898–1995

Alfred Eisenstaedt wurde in Dirschau/ Westpreussen geboren und wuchs dort auf, bis seine Familie 1906 nach Berlin zog. 1911 schenkte ihm sein Onkel eine Eastman Faltenbalgkamera Nr. 3 mit roten Balgen. Er kaufte sich eine Entwickler-Ausrüstung und benutzte sein Bad als Dunkelkammer. Mit Sechzehneinhalb Jahren wurde er eingezogen; der Krieg endete für „Eisie", wie ihn später die Kollegen und Freunde nannten, mit einer Schußverletzung an beiden Beinen am 12. April 1918. Nach dem Krieg verkaufte er Knöpfe und Gürtel, blieb aber seinem Hobby Fotografie treu. 1927 fotografierte er eine Tennisspielerin. Ein Freund, der ebenfalls in der Fotografie dilettierte, baute Eisies Zeiss Ideal Kamera in eine „Art Holzgerät mit Mattlichtbirne" um, kopierte Bäume und Bänke heraus und schuf so eine grafische Darstellung der Spielerin und ihres Schattens. Das Bild erschien erst in *Der Fotofreund*, dann in *Der Weltspiegel*, einer Wochenzeitung in der Art des *New York Times Magazine*, und er bekam zwölf Mark dafür. Nach einigen weiteren Publikationen schlug der Herausgeber des *Weltspiegel* Eisie vor, eine Ermanox zu kaufen, wie sie auch sein Vorbild Dr. Erich Salomon verwendete. Er begann, freiberuflich für Pacific and Atlantic Photos – der späteren Associated Press – zu arbeiten, für die er auf Parties, Konzerten oder Vernissagen fotografierte. Sein erster größerer Auftrag war es, Thomas Mann 1930 bei der Nobelpreis-Verleihung in Stockholm zu fotografieren. Danach befaßte er sich mit dem aktuellen Geschehen, wie etwa dem Äthiopienkrieg, bis er 1935 von Deutschland nach New York emigrierte. Kurt Korff, der frühere Herausgeber der *Berliner Illustrirten Zeitung*, stellte ihn dem *Life*-Gründer Henri Luce vor. Dieser stellte ihn zusammen mit Margaret Bourke-White, Thomas McAvoy und Peter Stackpole bei *Life* an, als die Zeitschrift 1936 erstmals erschien. Im Laufe seines Lebens führte er über 2.500 Aufträge für *Life* aus; sein Objektiv erfaßte Ereignisse und Persönlichkeiten wie Thomas Mann, Hitler, Mussolini, Joseph Goebbels, Winston Churchill, Marlene Dietrich, George Bernard Shaw, Albert Einstein, General Douglas MacArthur, die Kapitulation Japans, die

Ruinen von Hiroshima, Kaiser Hirohito und General Tojo, Haile Selassie, Jawaharlal Nehru, John F. Kennedy, Marilyn Monroe, Sophia Loren, Ernest Hemingway und Martin Luther King.

Elliott Erwitt
geb. 1928

Elliott Erwitts Fotografien enthüllen seine Schwäche für die kleinen Ironien des Lebens – die er auch durch Kommentare wie „Unattraktive Personen mögen sich doch bitte im öffentlichen Interesse von Stränden wie Ipanema in Rio oder St. Tropez fernhalten" zusätzlich pflegte (E. Erwitt in *On the Beach*, 1991). Mag da auch ein Körnchen Ernst enthalten sein, so hat doch genau der gleiche Erwitt seinen Job bei Magnum riskiert, als er sich für die Rechte seiner Fotografenkollegen einsetzte. Erwitt wurde 1928 in Paris als Sohn russischer Emigranten geboren. Noch im gleichen Jahr zog seine Familie nach Italien, ging aber 1938 wegen Mussolini und des Faschismus nach Paris zurück. Mit Kriegsausbruch erreichte die Familie New York, von wo aus es nach Hollywood weiterging. Noch als Schüler an der Hollywood High School begann Erwitt 1944 in einem Fotolabor zu arbeiten. 1948 zog er nach New York und traf dort auf Edward Steichen, Robert Capa und Roy Stryker, die ihn ermutigten, das Fotografieren zum Beruf zu machen. Während seines Wehrdienstes – er wurde 1951 eingezogen und war in Europa stationiert – gewann er einen Preis in einem Life-Fotowettbewerb. Zurück in den Staaten schloß er sich 1953 Magnum Photos an und kämpfte mit Robert Capa um das Recht der Fotografen am eigenen Bild, oftmals vom Auftragsboykott bedroht. Von 1962 bis 1966 war er Präsident dieser renommierten Agentur. In seinem Buch *Personal Exposures* schreibt Erwitt: „Jemanden zum Lachen oder zum Weinen zu bringen, wie Chaplin es schafft, ist das Beste, was man überhaupt erreichen kann."

Andreas Feiniger
geb. 1906

Andreas Feiningers Stadtlandschaften – aufgenommen mit extremen Brennweiten – vermitteln Eindrücke, wie man sie nirgendwo sonst findet. Ihnen stellt er Bilder winziger Objekte aus der Natur gegenüber, die er mit ebenso extremen Nahlinsen in ihrer natürlichen Symmetrie und Schönheit fotografiert hat. Feininger begreift die Fotografie als „etwas, das dem Betrachter Dinge zeigt, die er sonst nicht sieht oder sehen kann, die er nicht kennt oder an die er nicht gedacht hat." Der 1906 in Paris geborene und in Deutschland als Sohn des Malers Lyonel Feininger aufgewachsene Andreas entzog sich früh der Strenge der Schule: Mit sechzehn Jahren schrieb er sich am Bauhaus ein, wo sein Vater gerade eine Professur übernommen hatte. Er legte ein Prädikatsexamen ab, empfand aber die dortige Auffassung von der Fotografie als zu intellektuell und abstrakt. 1925 machte er mit der 6,5 x 9 cm Voigtländer-Kamera seiner Mutter sein erstes Bild – weidende Kühe auf einer schneebedeckten Wiese – auf ein Perutz Glasnegativ. Sein Hauptinteresse galt weniger der Fotografie als solcher, er wollte eher alle ihm wichtigen Eindrücke visuell festhalten. Die Kamera selbst ist für Feininger „ein Werkzeug, das mich nicht mehr beeindruckt als eine Schreibmaschine den Schriftsteller." 1933 entschied sich Feininger für die Berufsfotografie, wobei sein großes Interesse für die Architektur zum Leitmotiv seines Werkes wurde. Der Kriegsausbruch von 1939 zwischen Finnland und der Sowjetunion brachte ihm als Ausländer in Schweden ein Fotografierverbot ein. Er zog nach New York, der idealen Stadt für einen an monumentalen Entwürfen begeisterten Fotografen wie ihn. Von 1943 bis 1962 war Feininger ununterbrochen als Fotojournalist bei *Life* angestellt. Während seiner gesamten beruflichen Laufbahn hat er immer wieder Bücher über die Fototechnik und Bildbände veröffentlicht.

Eikoh Hosoe
geb. 1933

Eikoh Hosoe wurde in Yonezawa, Japan, als Sohn eines Shintopriesters und begeisterten Amateurfotografen geboren. Er begann sich als Student im Tokio der frühen Fünfziger selbst für die Fotografie zu interessieren und arbeitete zunächst mit der alten Thorntonflex und der Dunkelkammer-Ausrüstung seines Vaters. Sein Interesse, Englisch in originalsprachlicher Umgebung zu lernen, führte ihn nach Grands Heights, einem Wohnviertel für die Familien amerikanischer Militärangehöriger. Der ältere Bruder eines Klassenkameraden verschaffte ihm dort den Zutritt. Er freundete sich mit den Kindern der GIs an und fotografierte sie beim Spielen. Ein sensibles Portrait eines amerikanischen Mädchens mit dem Titel *Poddie-Chan* brachte ihm den ersten Preis eines Fotowettbewerbs der Firma Fuji Film für Studenten ein. Alles, was mit Fotografie zu tun hatte – besonders Zeitschriften wie *Look* und *Life* – interessierte Hosoe. Er schrieb sich am Tokioter Fotokolleg (später in Institut für Polytechnik von Tokio umbenannt) ein, der 1920 gegründeten, ältesten Ausbildungsstätte für Fotografen in Japan. 1953 war er von einer Ausstellung Edward Westons im Amerikanischen Kulturzentrum in Tokio tief beeindruckt; sie brachte ihn zur Erkenntnis, daß „die Fotografie für den Rest meines Lebens ein Teil meiner selbst sein würde." Nach dem Abitur begann er 1954 seine Berufslaufbahn. Er hatte bereits eine erfolgreiche künstlerische und gewerbliche Karriere hinter sich, als er 1959 zum Mitbegründer der Agentur VIVO wurde. Gemeinsam mit Ikko Narahara, Shomei Tmatsu, Kikuji Kawada, Akira Saito und Akira Tanno bemühte er sich, im Rahmen dieser Agentur die Fotografie „persönlicher und ernster" zu nehmen. Bei seiner ersten Reise nach Barcelona lernte Hosoe 1964 das Werk Antonio Gaudis kennen, welches mit zur wichtigsten und dauerhaftesten Quelle seiner eigenen Inspiration werden sollte. Seine Sicht von Gaudis Architektur faßte er im Bildband *The Cosmos of Gaudi* (1984) zusammen. Das Buch legt in Wort und Bild Zeugnis über seine einzigartige Fähigkeit ab, die fernöstliche Philosophie mit westlicher Sichtweise zu vereinigen. Weitere Künstler und Schriftsteller, die Hosoe bei seiner Arbeit inspirierten, waren László Moholy-Nagy, Man Ray, Ei-Q und der Autor Yukio Mishima. Heute ist Hosoe selbst eine Quelle der Inspiration für künftige Fotografen: er lehrt am Polytechnischen Institut von Tokio und nimmt an den verschiedensten internationalen Arbeitsgemeinschaften teil.

Annie Leibovitz
geb. 1949

Die Palette von Annie Leibovitz reicht von Bürgern belagerter Städte in Kriegsgebieten über Berühmtheiten und abgehalfterte Politiker bis hin zu milch-, farb-, schmutz- oder rosenbedeckten Rock- und Filmstars. Annie Leibovitz wurde in Waterbury, Connecticut als drittes von sechs Kindern geboren. Am San Francisco Art Institute fand sie mit der Kamera und der Zeitschrift *Rolling Stone* die beiden Werkzeuge, die sie in den fotografischen Olymp führen sollten. Der erfolgreiche Einstieg in ihre Karriere war ein Auftrag des Verlegers Jann Wenner zu Aufnahmen von Grace Slick von Jefferson Airplane. In ihren dreizehn Jahren bei *Rolling Stone* folgten diesem ersten Auftrag hunderte von weiteren, die das ganze Spektrum der Rock- und Popszene umfaßten. Auch für ihren heutigen Auftraggeber *Vanity Fair* fotografiert sie wieder die Prominenz. Preisgekrönte Anzeigenserien mit Porträtaufnahmen hat sie für die Firmen American Express und Gap produziert. 1991 organisierte die National Portrait Gallery in Washington D.C., in Zusammenarbeit mit dem International Center of Photography in New York, eine Internationale Wanderausstellung mit 150 ihrer Bilder. Mit ihrer kühnen Ästhetik greift Annie Leibovitz weit über die reine Dokumentation der Popkultur hinaus: sie vermittelt Einsichten in diese. Mag das Werk mancher Fotografen dem Publikum auch bekannter sein – sie ist eine der wenigen, die sich durch ihre Arbeiten selbst unsterblich gemacht haben.

Peter Lindbergh
geb. 1944

Die wegweisende Arbeit einiger weniger Fotografen hat jeweils den Trend ganzer Jahrzehnte vorgegeben: die 60er gehören Avedon, die 70er Helmut Newton; die 80er werden am ehesten Bruce Weber und Peter Lindbergh zugeschrieben. Lindberghs Bedeutung reicht bis weit in die neunziger Jahre hinein und läßt sich an der ständig wachsenden Zahl seiner Kunden messen: Giorgio Armani, Prada, Donna Karan, Calvin Klein, Isaac Mizrahi sowie redaktionelle Arbeiten für *Harper's Bazaar* und für *Vogue*. Der 1944 in Deutschland geborene Lindbergh verdiente sich seine ersten Sporen in der Mode als Schaufensterdesigner für deutsche und schweizerische Kaufhäuser, während er noch in Berlin und Krefeld Design und dekorative Gestaltung studierte. 1972–73 assistierte er dem Modefotografen Hans Lux in Düsseldorf. Lindberghs Frau, die in einer Fotoagentur angestellt war, schied dort aus, um mit einem Partner eine eigene Agentur zu eröffnen, die auch Lindberghs Kunden an sich band. Schon bei seiner ersten Werbekampagne für die Zigarettentabakfirma Samson arbeitete er in dem reportageähnlichen Stil, der später zu seinem Markenzeichen werden sollte. Seine redaktionell wirkenden Bilder zogen Verlagsleiter wie Willy Fleckhaus an, der Lindbergh zehn Seiten über den Pariser Designer Kenzo in *Mode und Wohnen* anbot. Diese Publikation machte wiederum den *Stern* und *Marie-Claire* auf Lindberghs Arbeit aufmerksam, und letztere beauftragte ihn mit monatlichen Beiträgen. In Paris vergab Rei Kawakubo an Lindbergh den Auftrag zur Herstellung ihres Katalogs Comme des Garçons; Lindbergh schuf für diesen Auftrag eine Serie kräftiger Bilder mit Anklängen an seine Jugend im Ruhrgebiet. In den 80er und 90er Jahren stiegen auch amerikanische Zeitschriften wie *Vogue* und *Harper's Bazaar* auf Lindberghs reportageartigen Stil und auf seine Darstellung der Modelle als lebende, atmende und denkende Persönlichkeiten ein.

Mary Ellen Mark
geb. 1940

Nach Jahren des Zeichnens und Malens an Schulen und Akademien schloß Mark ihr Studium an der Fakultät der Schönen Künste der University of Pennsylvania erfolgreich ab, „ohne daß ich wußte, was ich jetzt tun sollte". Ihr Interesse für die Fotografie, das sie schon als Jugendliche mit einer Brownie-Kamera entwickelt hatte, führte sie schließlich zu einem Zweitstudium der Fotografie an der Annenberg School, das sie 1964 abschloß. Einem ihrer dortigen Lehrer, Lou Grassmann, schreibt sie großen Einfluß auf ihre Arbeit zu: „Er ließ die Leute sie selbst sein und versuchte nicht, sie in irgendwelche Schablonen zu pressen." Eine Praktikumsarbeit in einer Nervenheilanstalt und die Arbeit ihres Vaters in solchen Anstalten erwiesen sich ebenfalls als wichtig für ihre Arbeit. Mark befaßt sich besonders mit den Randgruppen der Gesellschaft. Aufträge von *Look* – Porträts von Federico Fellini und anschließend eine Reportage über Heroinabhängige – brachten ihr den ersten Durchbruch. In den späten Sechzigern begann Sie mit Werbeaufnahmen für Filme wie *Carnal Knowledge, Apocalypse Now, The Day of the Locust* und *Einer flog über's Kuckucksnest*. Ihre eigentliche Neigung blieb aber stets die Dokumentation. Mary Ellen Marks Arbeiten erschienen in Büchern, auf Ausstellungen und in Zeitschriften wie *Life, National Geographic, GEO, Stern, Fortune* und *Rolling Stone*. Ihre dokumentarischen Porträts sind kompromißlos direkt. Ihre oft zugleich einfühlsamen wie provozierenden Bilder – gleichgültig ob von Heroinsüchtigen oder Armen – zeigen die condition humaine selbst noch in den Abgründen der Verzweiflung mit einem Hauch von Würde.

Carl Mydans
geb. 1907

Obwohl er seine Karriere zum großen Teil seinen Kriegsdokumentationen für *Time* und *Life* verdankt, wäre Carl Mydans ebenso wie Robert Capa „als Kriegsfotograf lieber arbeitslos geblieben". Aber die Nachrichten des Zwanzigsten Jahrhunderts wurden nun einmal von zwei Weltkriegen und zahlreichen Regionalkonflikten dominiert. Kaum hatte sich ein Konflikt an einer Stelle gelegt, brach an einer anderen ein neuer aus. Mydans beschränkte sich nie auf das Motiv „Soldat tötet Soldaten", sondern er suchte auch im Krieg nach Menschlichkeit. Soldaten wie Zivilisten werden vor Mydans Objektiv wieder zu Menschen. Der Blick in ihre Augen vermittelt dem Betrachter ein Gefühl für das Leiden im Krieg.

Mydans erhielt 1930 seine erste Anstellung als Reporter, nach seinem Examen an der Boston University School of Journalism, beim *American Banker* in New York; während der Mittagspause ging er oft mit seiner 35 mm Contax spazieren. Bei einem dieser Spaziergänge fotografierte er Eugene Daniell, der auf einer Seifenkiste gegen die amerikanische Innenpolitik polemisierte. Daniell hatte ein Jahr zuvor eine Stinkbombe in das Lüftungssystem der New Yorker Börse geworfen und so zum ersten mal seit dem Ende des Ersten Weltkrieges ihre Schließung erzwungen. Dan Longwell veröffentlichte das Bild in der Folgewoche in *Time*. Später empfahl Longwell Mydans dem Washingtoner Repräsentanten der neu gegründeten Farm Security Administration (FSA), die eine kleine Fotografengruppe damit beauftragte, Bildreportagen aus dem ganzen Land zu machen, die Franklin Roosevelts Politik des New Deal unterstützen sollten. Danach bot Longwell Mydans eine Stelle im *Life*-Team an; dies war der Beginn eines halben Jahrhunderts seiner Zusammenarbeit mit *Time/Life*. Bei *Life* lernte er auch seine Frau Shelly kennen, die dort als Journalistin arbeitete. Erste Kriegserfahrungen sammelte er 1939 im Finnisch-Russischen Krieg. Nach dem Fall Frankreichs sandte man das Team aus Ehemann und -frau nach Asien, erst nach China, von wo sie über den Krieg mit Japan berichteten, anschließend nach Burma, Malaya und schließlich auf die Philippinen. Dort gerieten sie im Gefolge des japanischen Angriffs auf Pearl Harbor und die Philippinen in Gefangenschaft. Sie verbrachten zwei Jahre in japanischen Gefangenenlagern, bis man sie zusammen mit 1500 weiteren amerikanischen und kanadischen Zivilisten in Portugiesisch Goa gegen 1500 aus Amerika und Kanada kommende Japaner austauschte. Wieder bei der U.S. Army schickte man Mydans zunächst nach Europa und später wieder in den Pazifik, von wo er über General MacArthurs triumphale Rückkehr auf die Philippinen berichtete.

Helmut Newton
geb. 1924

Ein Flur voller wandhoher weiblicher Schwarz-weiß-Akte empfängt den Besucher in June und Helmut Newtons Wohnung in Monaco. Ähnlich beeindruckend ist der Blick hinab auf die Strandpartie des Fürstentums. Hier wohnt der Verfasser von *Lifestyles of the Rich and the Famous*, und es ist gerade dieser offen gezeigte Überfluß in Verbindung mit hintergründiger Sexualität, der die Arbeiten Helmut Newtons auszeichnet. Newtons Anfänge waren demgegenüber alles andere als glamourös. Mit zwölf fing er an seine Freundinnen mit einer 100-Watt Flutlichtbirne in seinem Zimmer aufzunehmen. Seine Mutter vermittelte ihm eine Lehrstelle bei Yva, einer bekannten Berliner Modefotografin, die er als sein Vorbild ansah. 1938 floh er vor dem fast sicheren Tod in Nazideutschland, und noch im gleichen Jahr mußte er auch Singapur vor dem Einmarsch der Japaner verlassen. Er ging nach Australien und ließ sich dort in eine Uniform stecken, die er fünf Jahre lang tragen sollte. In Australien begründete er auch seine Laufbahn als Fotograf, indem er für die dortige *Vogue* arbeitete. Seiner Frau June, die er in Australien kennenlernte und dort 1948 heiratete, schreibt er großen und nachhaltigen Einfluß auf sich zu. Gemeinsam bereisten sie 1957 Europa und arbeiteten dort kurz für die britische *Vogue*. Obwohl er diese Erfahrung für zu kurz hielt – er kehrte 1959 nach einer ebenfalls kurzen, aber für ihn inspirierenden Tätigkeit beim Pariser *Jardin des modes* nach Australien zurück – hatten es ihm Europa und die dortige Modewelt angetan. Anfangs der Sechziger fühlte Newton sich bereit, in diese Modewelt einzutauchen. Er ließ sich in Paris nieder und tastete sich von dort aus an die moralischen Grenzen der Modefotografie heran und manchmal auch über sie hinaus. In den Siebzigern machte Newton mit seiner einzigartigen Verknüpfung von Humor, Voyeurismus, dekadentem Überfluß, klassischem Bildaufbau und unterschwelliger Sexualität die französische *Vogue*, mit Unterstützung ihrer Herausgeberin Francine Crescent, zum führenden Modemagazin. Er folgte keinen Trends, er schuf sie selber. Sein Bild der Frau inspiriert jüngere Fotografen, die Newtons dramatische Bilder viel aufregender finden, als die zahllosen 0-8-15-Bilder, mit denen die Modejournale ihre Seiten sonst zu garnieren pflegen.

Gordon Parks
geb. 1912

Gordon Parks künstlerisches Talent zeigte sich schon früh in seiner Heimatstadt Fort Scott in Kansas. Mit sechs begann er Klavier nach dem Gehör zu spielen. Als Teenager zog er nach Minnesota zu einer seiner Schwestern. Er verdiente sich Geld als Pianist in einem Bordell, bis eines Tages ein Mann neben ihm mit einem Messer in der Brust zusammenbrach. Die Kunden, Prostituierten, Zuhälter und er selbst flohen. Es war nicht Parks erste Begegnung mit der Gewalt: er war Zeuge, als sich zwei betrunkene Frauen vor einer Spielhalle gegenseitig erstachen; und er verlor eine Reihe von Freunden durch Schießereien. 1929 eröffnete sich ihm eine neue Welt, als er als Aushilfskellner im vornehmen Minnesota Club arbeitete. Dort lieh er sich Bücher aus der Clubbücherei aus. Danach erweiterte er seinen Horizont als Ober auf der

North Coast Limited-Eisenbahn, wo er 1937-38 arbeitete. Auf einer der Fahrten fiel ihm ein zurückgelassenes Magazin mit einem Bericht über Wanderarbeiter in die Hände. Die Bilder der Entwurzelten auf ihren Irrfahrten durch das Land blieben ihm ebenso im Gedächtnis haften, wie die Fotografen, die sie im Bild festgehalten hatten: Arthur Rothstein, Russell Lee, Carl Mydans, Walker Evans, Ben Shahn, John Vachon, Jack Delano und Dorothea Lange. Gegen alle Widerstände und ungeachtet der Tatsache, daß er nicht einmal eine Kamera besaß – geschweige denn, eine solche zu bedienen wußte – gelang es ihm 1942, in diesen illustren Fotografenkreis bei der Farm Security Administration aufgenommen zu werden. Bei seinem ersten eigenen Auftrag, als er Modefotos für ein Kaufhaus machen sollte, belichtete er alle Bilder außer einem einzigen doppelt; er hatte eine Speed Graphic Kamera verwendet und vergessen, die Filmkassette zu wenden. Er brachte das gelungene Bild Madeline Murphy, der Frau des Eigentümers. „Wären die anderen auch so gut geworden?", fragte sie ihn. „Natürlich", antwortete er, „das hier war noch das Schlechteste." So durfte er den Auftrag nochmals fotografieren, und diesmal erfolgreicher. Marva, die Ehefrau des Boxweltmeisters Joe Louis, entdeckte die Bilder im Schaufenster des Kaufhauses und forderte ihn auf, nach Chicago zu kommen. Dort entdeckte Jack Delano von der Farm Security Administration einige der Dokumentarfotos, die Parks in den südlichen Bezirken der Stadt aufgenommen hatte. Er lud ihn ein, sich der FSA anzuschließen, was Parks 1942 auch tat. 1948 begann seine Karriere beim *Life*-Magazin; hier entstanden unter anderem Berichte über die brasilianischen *Favelas,* über Ingrid Bergmann und Malcolm X. Nach seinem Ausscheiden bei *Life* konzentrierte sich Parks auf Bildbände, der Film und auf eher abstrakte Farbaufnahmen.

Marc Riboud
geb. 1923

Marc Riboud wuchs in einer reisefreudigen Familie auf. Die Tagebücher von der Weltreise seines Vaters im Jahr 1910 „faszinierten mich – mehr vielleicht sogar, als die Romane von Jules Verne." Auch die Berichte seines Onkels über Expeditionen nach Marokko und in den Kongo um die Jahrhundertwende beeindruckten ihn tief. Sein Onkel fiel im Ersten Weltkrieg, ohne daß er ihn je zu Gesicht bekommen hat. Um in diese Fußstapfen zu treten, mußte er zunächst seine Arbeit als Ingenieur in einer Glasfabrik aufgeben. Er kündigte und machte sein, 1937 auf der Weltausstellung mit einer Kompaktkamera von Kodak begonnenes, Hobby zum Beruf. Er verließ Lyon 1952 und traf mit seiner Leica in Paris ein. In der französischen Hauptstadt traf er auf Henri Cartier-Bresson, der ihm eine alte Sucherkamera gab, weil er der Meinung war, das im Sucher seitenverkehrte Bild schärfe das Auge für den Bildaufbau. Mit ihr durchstreifte Riboud Paris; er kam zum Eiffelturm, der gerade neu gestrichen wurde, stieg hinauf und entdeckte Männer, die mehr „wie Akrobaten als wie Maler" aussahen und hatte damit gleich ein außergewöhnliches Motive vor sich. Robert Capa sah den Kontaktabzug der Bilderserie durch und wählte eines davon aus, welches dann an *Life* verkauft werden konnte.
1953 kam Riboud zur Magnum-Agentur (für die er bis 1980 arbeitete), und er wurde zum Weltreisenden in Sachen Fotografie. Etwas mehr als zehn Jahre später konnte sich Riboud als Franzose frei zwischen Nord- und Südvietnam bewegen und so eine umfassende Perspektive dieses Konfliktes gewinnen; er war der letzte europäische Journalist, der Ho-Chi-Minh aufnehmen und interviewen konnte. Auch an der amerikanischen Heimatfront dieses Krieges war Riboud präsent: Seine 1967 entstandene Aufnahme einer jungen Frau, die vor einer endlosen Reihe bajonettbewaffneter Soldaten beim Pentagon eine Blume umklammert, wurde eines der Symbole für die zunehmende Anti-Kriegs-Stimmung. Dieses Bild war das visuelle Gegenstück zu John Lennons Songtext „Give Peace a Chance". Bei aller Beschäftigung mit den Konfliktherden der Welt gilt Ribouds Interesse mehr den Ländern

und Gesellschaften im Umbruch. China fasziniert ihn ganz besonders. Er arbeitet mit möglichst kleiner Ausrüstung – einer Leica M6 und einer R6, eine davon mit einem Objektiv der Brennweite 35 mm, die andere mit 50 mm. Nur ab und zu verwendet er auch 28 mm Weitwinkel- oder Teleobjektive.

Herb Ritts
geb. 1952

Obwohl Herb Ritts einen erfolgreichen Abschluß an der Paul Revere Junior High School ansteuerte, war er sich nicht sicher, in welcher Richtung dieser Abschluß sein sollte – am ehesten dachte er an einen Einstieg in die Musikindustrie. 1979 fotografierte er, während er als Verkäufer für die Möbelfabrik seines Vaters unterwegs war, einen seiner Freunde – einen hoffnungsvollen jungen Schauspieler namens Richard Gere – mit seiner Miranda anläßlich eines Zwangsstops zum Reifenwechsel an einer Tankstelle in San Bernardino. Gere brachte Ritts Bilder bei seinem PR-Agenten vorbei und empfahl ihm, sie neben den Aufnahmen der Berufsfotografen mit zu berücksichtigen. Das Ergebnis war, daß Ritts Gere-Bilder in *Vogue, Esquire, Mademoiselle* und als Titel von *L'Uomo Vogue* erschienen. *Mademoiselle* erhielt auf das Bild Geres hin soviel Fanpost, daß man Ritts (dessen einzige Ausbildung aus drei Abenden in einem Fotokurs bestand) außer der Reihe mit Porträtaufnahmen von Broke Shields beauftragte. Er machte auch weiterhin Aufnahmen seiner Freunde, unter ihnen auch von Matt Collins, einem Top-Dressman der späten siebziger Jahre. Als er für seine Eltern auf einer Möbelausstellung in New York war, hatte er einen Umschlag mit etwa fünfzehn seiner Bilder dabei. Die Bekannte eines seiner Freunde, die für *Harper's Italia* arbeitete, sah diese Bilder und veranlaßte, daß man ihm kistenweise italienische Herrenmode von Armani, Versace und Missoni mit dem Auftrag zusandte, sie zu fotografieren. Ritts ging mit Matt Collins an den Strand von Santa Monica und schoß dort an der Pier zwanzig Seiten Herbstkollektionen. Kurz darauf begann auch Franca Sozzani, die damalige Herausgeberin der Zeitschrift *LEI,* ihm neue Modelle zu schicken. Bald darauf konnte er Präsentationsmappen zusammenstellen, sich einige Nikons kaufen und ernsthaft in eine Fotografenkarriere einsteigen. Aufträge von *Look* – etwa Richard Gere beim Klavierspiel –, von *TV Guide* und *People* sowie Modeaufträge auch von Armani, füllten seine Auftragsbücher. Während sein fotografischer Blick sich schärfte, wuchs auch sein Interesse an eigenen Arbeiten und Buchprojekten wie *Duo, Notorious* und *Africa.* Heute lebt er in Los Angeles, und Hollywood schickt ihm regelmäßig seine großen Stars.

Joe Rosenthal
geb. 1911
Unmittelbar nach seinem High-School-Abschluß im Frühjahr 1930 und zu Beginn der Depression verließ Joe Rosenthal Washington D.C., mit einer Fahrkarte nur für die Hinfahrt (für eine Rückfahrkarte reichte sein Geld nicht), in Richtung San Francisco, wo er sich seinen Brüdern und einem Onkel mit Familie anschloß. Er bekam einen Job als Bürohelfer in einem Zeitungssyndikat, einer Zweigstelle der *San Francisco News* und der Scripps-Howard-Kette. Für fünfzehn Dollar wöchentlich schrubbte er Böden, verteilte Post und fertigte mit einer Kopierkamera Dubletten von Bildern an, die verteilt werden sollten. Bald schon gab man ihm eine Graflex und wies ihn in ihren Gebrauch ein. Er sollte hinausgehen, Aufnahmen machen, sie entwickeln und anschließend begutachten lassen. Diese Art Praxistraining verhalf Rosenthal 1932 zu einer Anstellung als Fotoreporter bei der *San Francisco News.* Er berichtete aus Krankenhäusern, Notaufnahmen, Polizeipräsidien, Gerichten und von den verschiedensten Ereignissen, darunter auch vom großen Hafenarbeiterstreik von 1934, der ihm acht Tage Krankenhaus einbrachte,

weil die Streikführer nicht fotografiert werden wollten.

1936 wurde Rosenthal Leiter des Büros San Francisco der Agentur World Wide Photos, die 1941 in der Associated Press aufging. Nach dem Angriff auf Pearl Harbor bewarb er sich um einen Auslandsjob, wurde aber nicht berücksichtigt. Mitte 1943 schloß er sich der neuen Presseabteilung des Maritime Service an. Man schickte ihn zunächst nach Großbritannien, wo er in Marinelazaretten Abenteuerstories sammeln sollte, mit denen man für den Eintritt in die Handelsmarine werben wollte. Nach einem ähnlichen Job in Algier sollte er sich in Neuguinea mit einem Schriftsteller treffen. Auf dem Weg dorthin besuchte er in San Francisco das Büro von Associated Press. Dort erfuhr er von einem Mitarbeiter, daß man gerade eine Stelle im Südpazifik neu besetzen wolle. Rosenthal ergriff die Gelegenheit beim Schopfe, kündigte beim Maritime Service und wurde im Januar 1944 offizieller AP-Korrespondent. Seine ersten veröffentlichten Bilder als Kriegsfotograf entstanden anläßlich der Erstürmung von Hollandia auf Neuguinea, gefolgt von der Eroberung von Peleliu. Am 23. Februar 1945 bestieg der noch relativ unbekannte Kriegskorrespondent Rosenthal den Mount Surabachi auf der strategisch wichtigen Insel Iwo Jima. Dort trug er sich mit einem einzigen Bild in die Geschichtsbücher ein. Nachdem der Krieg vorüber und er selbst mit seinem Bild von der Flaggenhissung berühmt geworden war, gab Rosenthal seine Anstellung bei AP auf und schloß sich dem *San Francisco Chronicle* an, für den er in den folgenden 35 Jahren tätig war. Erst 1981 zwang ihn der Graue Star zum Aufhören.

Sebastião Salgado
geb. 1944
Sebastião Salgado wurde 1944, in Brasilien, als einziger Junge einer Familie mit acht Kindern geboren. Er studierte Betriebswirtschaft. Nach dem Abschluß an der Universität von Sao Paulo arbeitete er zunächst im brasilianischen Finanzministerium. 1969 ging er nach Paris, um dort seine Studien fortzusetzen. Für die Fotografie begann er sich anfangs der siebziger Jahre zu interessieren; er arbeitete damals für die International Coffee Organization im Rahmen des Europäischen Fonds für Entwicklungshilfe, für die UNESCO und für die Weltbank an Projekten für Kaffeeplantagen in Afrika. Seine neue Leidenschaft wurde schnell zum Lebenszweck. Seine genaue Kenntnis wirtschaftlicher Zwänge und der deshalb von den Betroffenen zwangsläufig verursachten Umweltschäden verhilft ihm zu einer sehr menschlichen Sicht der Ökonomie, die sich auf seinen Bildern gleichermaßen intellektuell wie emotional wiederspiegelt. Schwerpunktthemen Salgados umfassen den Sturz der portugiesischen Diktatur 1974-75, die Unabhängigkeitsbewegungen in Angola, Mozambique und Rhodesien, die Sahelzone mit ihren Hungernden, Asylanten in Europa, Landarbeiter in Lateinamerika, die Bürgerkriege in Bosnien und Ruanda und schließlich Fotodokumentationen aussterbender Handwerksberufe auf der ganzen Welt.

Jeanloup Sieff

geb. 1933

Eine schwarze Photax-Plastikkamera,
die Sieff zum vierzehnten Geburtstag
geschenkt bekam, wurde zur Initial-
zündung für eine mehr als vierzigjährige
Karriere. Sieff brachte sich anhand von
Fachbüchern selbst das Entwickeln und
Vergrößern bei. Freundinnen und Landschaften, seine ersten Sujets, sollten ihn
auch im folgenden halben Jahrhundert
als Themen seiner Wahl begleiten.
Am Gymnasium war er für den Filmclub
der Schule zuständig, und er schreibt
Meisterregisseuren wie Sergei Eisenstein,
Roberto Rossellini, Jean Renoir, Michelangelo Antonioni und Orson Welles
größeren Einfluß auf sein Werk zu, als
den anderen Meisterfotografen.
Sieff begann 1954 freiberuflich als Fotograf zu arbeiten. 1956 erhielt er erste
Aufträge von Elle. 1958 und 1959 war er
bei der renommierten Fotoagentur Magnum, fand aber die dortige Einstellung
zu dogmatisch. 1961 ging er nach New
York, wo er lebte und arbeitete, bis er
1966 wieder nach Paris zurückkehrte.
Er hat für die meisten großen Modezeitschriften gearbeitet, darunter *Vogue,
Harper's Bazaar* und *Elle,* und er hat
redaktionelle Beiträge auch für andere
Zeitschriften geliefert. Gegen Etiketten
wie die eines Mode-, Dokumentar- oder
Kunstfotografen hat er sich immer ver-
wahrt; sein Werk umfaßt die Reportage
ebenso wie die Mode, den Akt ebenso
wie die Landschaft, und in allen seinen
Sujets macht er das Schöne sichtbar.

Danksagung

Mein aufrichtiger Dank gilt dem Redakteur Oven Dugan, der mir den richtigen Weg zeigte, der Designerin Molly Shields für die schöne Ausführung des Balanceakts zwischen Fotografie und Text, dem Verleger Bob Abrams und der Belegschaft von Abbeville Press.

Dankbar bin ich auch den folgenden Kuratoren, Fotoredakteuren, Agenten, Autoren, Atelierleitern, Fotoassistenten und Freunden, durch deren Hilfe dieses Buch Wirklichkeit wurde.

Martha Bardach, Naomi Ben-Shahar, Bonni Benrubi, Nigel Boekee, Dean Brierly, Masako Bristol, Henri Bristol, Briana Beukenkamp, Tricia Burlingham, Debra Cohen, Stephen Cohen, A. D. Coleman, John Cooper III, John Cranham, Kim Creighton, Uri Davidov, Mari Deno, Maggie Devcich, Lon Diamond, Susan Easton, Jennifer Erwitt, David Fahey, Linda Ferrer, Daniela Ferro, Peter Fetterman, Michele Filomeno, Johanna Fiore, Michael Fisher, Gary Fong, Mark Fogelman, Harry und Yoko Friedman, Arny Freytag, Michael Froehlich, David Friend, Sarah Gaddis, Rudy Gaines, Amy Gantman, Jane Gilman, Vicki Goldberg, Robert Goldrich, Michelle Goldstein, David Gregg, Sylvie Grumbach, Shona Gupta, Marina De Santiago Haas, Mika Haneishi, Bob und Sheila Harris, Laura Harris, Roy Harris, Thom Harrop, Russell Hart, Andrew Hathaway, Lorenzo Hernandez, Charlie Hess, Julian Hills, Jennie Hirschfeld, Charlie Holland, Dave Howard, Ana Jones, Julie Jordan, Andrew Jurun, Marc Kane, Carolyn Kass, Robert Kirschenbaum, Ghassan Kitmitto, Maryann Kornely, Mary LaFleur, Annie L'Hospitalier, Patrick Langier, Sylvie Languin, Sharon Lebowitz, Jean-Francois Leroy, Gordon Lewis, Gus Low, David Manfredi, Lupe Marmolejo, Jay Mason, Mark McKenna, Robin Massee, Remy Meraz, Colleen Miller, Hugh Milstein, Ira Mintz, Rancoise Mommessin, Mary Morano, Robbie-Lee Moreno, Xavier Moreau, Kerry Morris, Karen Mullarkey, Phillip Nardulli, Anh Nguyen, Veronique Noe, Ara Nuyujukian, Melissa O'Brien, Stacie O'Connor, Mio Okita, Richard Papel, Bobbi Peacock, Francoise Piffard, Vivette Porges, Gene Prizer, Sandra Ramirez, Jane Levy Reed, Catherine Riboud, Peter Ridding, Richard Reinsdorf, John Rice, Christopher Robinson, Billy Rose, Naomi Rosenblum, David Rudnitsky, Kurt Sanders, Yvonne Sarceda, David Schonauer, Rob Sheppard, Phil Shockley, Rose Shoshana, Manuela Salgo, Molly Schaeffer, Marie Schumann, Jeffrey Smith, Robert Sobieszek, Rick Smolan, Mark Solomon, Paula Symonds, Lisa Thackaberry, Van Thomas, Christopher Thorpe, Kris Toma, Cecile Traissac, Linda Trozzolino, Miki Tsubuya, Mayra Villa, Alan Wakamatsu, Masako Watanabe, Kelly Wearstler, Steven Werner, Bill White, Garrett White, Don Weinstein, Bonnie Winston, Sandra Wong, Tim Wride, Chloe Ziegler, Tim Zinnemann.

Meine größte Dankbarkeit gehört den außergewöhnlichen Fotografen, die ihre Gedanken und Fotografien so großzügig eingebracht haben.

Die Porträts der Fotografen wurden mit einer Nikon F3 und N90S aufgenommen. Es wurden 28 mm, 35 mm, 50 mm und 85 mm Nikkor Objektive verwendet. Die Kodak TRI-X und T-MAX Filme wurden von Kris Toma bei Photo Impact, Los Angeles, entwickelt und kopiert.

Fotonachweis

Copyright © Eve Arnold/Magnum Photos: 80–85; Copyright © Edouard Boubat/Agence Top: Umschlag Titel, 6, 96–101; Copyright © Manuel Alvarez Bravo, freundlichst von der Gallery of Contemporary Photography, Los Angeles: 24–29; Copyright © Horace Bristol: 2, 32–37; Copyright © Jean-Philippe Charbonnier/Agence Top: 56–61; Copyright © Alfred Eisenstaedt/Time-Life Syndication: 17–21; Copyright © Elliott Erwitt/Magnum Photos: 104–109; Copyright © Andreas Feininger, freundlichst von der Bonni Benrubi Gallery, New York: 73; Copyright © Andreas Feininger/Time-Life Syndication: 72, 74–76; Copyright © Mark Edward Harris: 14, 22, 30, 38, 46, 54, 62, 70, 78, 86, 94, 102, 110, 118, 126, 134, 142, 150, 158, 166; Copyright © Eikoh Hosoe: 120–125; Copyright © Annie Leibovitz: 144–148; Copyright © Peter Lindbergh, freundlichst von der Fahey/Klein Gallery, Los Angeles: 168–173; Copyright © Mary Ellen Mark: 8, 112–117; Copyright © Carl Mydans/Time Life Syndication: 40–45; Copyright © Helmut Newton: 136–141; Copyright © Gordon Parks: Umschlag Rückseite, 65–68; Copyright © Gordon Parks/Time-Life Syndication: 69; Copyright © Richard Reinsdorf/Winston West: Umschlagklappe hinten; Copyright © Marc Riboud: 88–92; Copyright © Herb Ritts, freundlichst von der Fahey/Klein Gallery, Los Angeles: 152–156; Copyright © Joe Rosenthal/San Francisco Chronicle: 53; Copyright © Joe Rosenthal/AP/Wide World Photos: 48–52; Copyright © Sebastião Salgado/Contact Press Images: 160–164; Copyright © Jeanloup Sieff: 128–132